Les conférences socio-économiques du Québec

Le Québec dans le monde

Rapport

Québec ⚜

RAPPORT DE LA DEUXIÈME RENCONTRE AU SOMMET SUR LE QUÉBEC DANS LE MONDE

Montréal, 10, 11 et 12 décembre 1984

Édition du document:
Michel Brisson, secrétariat permanent des conférences socio-économiques

© Gouvernement du Québec
Dépôt légal — Bibliothèque nationale du Québec
1er trimestre 1985
ISBN 2-551-09028-8

PRÉSENTATION

De l'avis de tous les participants et observateurs, les deux rencontres au sommet tenues en 1984 sur le Québec dans le monde ont connu un remarquable succès. Nous devons tous nous en féliciter. Pour la première fois de son histoire, la société québécoise, dans une démarche de concertation réunissant les principaux intervenants impliqués dans l'action internationale, s'est donnée comme objectif de se doter d'un ensemble de moyens susceptibles de lui permettre d'accentuer sa présence au monde et de la rendre plus efficace.

Les rencontres jusqu'à maintenant tenues constituent une étape. D'autres, toutes aussi importantes, suivront d'ici peu dans le but d'actualiser d'une manière plus concrète notre volonté collective de développer davantage nos relations avec l'extérieur. Je pense plus particulièrement à l'élaboration d'un énoncé de politique internationale pour le Québec qui devrait bientôt faire l'objet des travaux de la Commission parlementaire sur les institutions et à la mise sur pied prochaine d'un Conseil des relations internationales et de Conseils d'orientations sectoriels.

En vue de la poursuite de nos travaux, je vous transmets le présent rapport. Il constitue une synthèse de nos délibérations des 10, 11 et 12 décembre dernier. Ce document de référence sera certainement utile aux discussions qui se poursuivront en divers lieux d'échange et de collaboration sur l'activité internationale du Québec.

Je formule le souhait que ces discussions atteignent le même degré d'excellence et d'efficacité que celles de notre dernière rencontre au sommet.

Le ministre des Relations
internationales et du
Commerce extérieur

BERNARD LANDRY

TABLE DES MATIÈRES

INTRODUCTION GÉNÉRALE

Le 23 novembre 1983, le Conseil des ministres acceptait le principe de la tenue d'un sommet sur le Québec dans le monde, regroupant les intervenants gouvernementaux et privés québécois qui oeuvrent sur la scène internationale.

Objectifs du sommet

En réunissant dans une démarche de concertation l'ensemble des acteurs québécois intéressés à l'activité internationale de la société québécoise, le gouvernement du Québec poursuivait trois grands objectifs :

i)   élargir les relations internationales du Québec autant en matière de coopération avec les pays développés et les pays en développement, qu'en matière d'échanges économiques internationaux et d'immigration. À cet égard, l'on visait principalement à trouver les moyens d'arrimer davantage l'action internationale du Québec à son propre développement économique et à la création d'emplois, et de développer un apport spécifique du Québec au bien-être des pays en développement.

ii) favoriser la collaboration entre les divers intervenants. Pour maximiser les retombées des relations internationales de la société québécoise, le Sommet devait viser également à développer une plus grande cohérence dans l'action entre tous les intervenants impliqués dans l'activité internationale. Il s'agissait essentiellement de trouver les moyens de développer librement une plus grande collaboration entre eux et de faciliter la connaissance des uns et des autres pour mieux concerter leur action dans l'intérêt général du Québec.

iii) sensibiliser la population du Québec. Finalement, il s'agissait de dégager des moyens d'action visant à mieux sensibiliser la population du Québec au rôle qu'elle peut jouer dans le domaine international et à faciliter le plus largement possible sa participation aux activités internationales.

Thématique du sommet

Lors des démarches de consultation menées par le gouvernement auprès de groupes sociaux et économiques en février et mars 1984, un consensus général s'est dégagé autour de trois grands thèmes de discussion :

●   le domaine de la coopération internationale ;
●   le domaine des échanges économiques internationaux ;
●   le domaine de l'immigration.

i)   La coopération internationale

Ce premier thème référait aux activités reliées à la conduite de rapports institutionnels et non institutionnels entre partenaires québécois et étrangers. À ce titre, les participants au Sommet ont été appelés à se pencher sur la portée de la coopération menée actuellement par les diverses composantes de la société québécoise avec des intervenants extérieurs dans les domaines social, culturel, éducatif, scientifique et économique.

En ce qui concerne la coopération avec les pays développés, les moyens de parvenir à un élargissement de ces rapports sur une base sectorielle et géographique ont été étudiés. En ce qui a trait à la coopération avec les pays en développement, les activités des intervenants ont été traitées sous l'angle de l'adéquation entre les niveaux actuels de coopération et des moyens requis pour accroître les échanges avec les pays du Tiers-Monde. Sur cette question, les problèmes de sensibilisation de la population ont revêtu également une importance particulière.

ii)   Les échanges économiques internationaux

Les intervenants ont abordé ce deuxième sujet en examinant comment, en matière de commerce, d'accords industriels et d'investissements, il était possible d'élargir les échanges économiques internationaux et de développer de nouveaux marchés extérieurs afin de stimuler l'économie québécoise. Les participants ont également discuté des moyens d'assurer une plus grande collaboration et une plus grande concertation entre tous les acteurs impliqués dans la perspective de développer des modes de pénétration plus efficaces à l'étranger. Ils ont de plus discuté des moyens de sensibiliser davantage la population du Québec aux défis qui se posent à la collectivité québécoise en ce domaine et aux possibilités d'y répondre.

iii) L'immigration

Les participants ont discuté de l'accueil que le Québec souhaite accorder aux nouveaux arrivants et des actions à entreprendre à l'étranger afin de mieux répondre aux objectifs économiques, sociaux et humanitaires poursuivis par le Québec en matière d'immigration. Ce troisième thème faisait notamment référence au rôle de la main-d'oeuvre étrangère spécialisée et des immigrants investisseurs dans le développement économique du Québec. En outre, les intervenants se sont penchés sur leurs responsabilités en matière de solidarité internationale et sur l'accueil que le Québec se devait de réserver à ceux qui cherchent refuge auprès de nous.

Finalement, les discussions ont porté sur les moyens de développer une plus grande sensibilisation de la population québécoise à cette ouverture sur le monde que représentent les divers mouvements migratoires et aux multiples richesses que ces nouveaux Québécois véhiculent parmi nous.

Principales phases de concertation

La tenue du Sommet sur le Québec dans le monde a compris deux (2) temps forts : en mai 1984, les principaux intervenants du domaine des relations internationales se sont réunis pour discuter d'un état de la situation et pour identifier les orientations possibles ; en décembre 1984, ils ont été appelés à dégager des consensus et à prendre des engagements sur un certain nombre d'actions.

Pour mener à bien le projet de Sommet sur le Québec dans le monde, les principales étapes de concertation ont été les suivantes :

Premièrement, les ministres directement impliqués dans l'organisation du sommet ont mené quatre (4) rencontres de consultation en février et mars 1984 auprès des principaux agents concernés pour présenter le projet de sommet et pour obtenir leur point de vue.

Deuxièmement, six (6) rencontres sectorielles ont été planifiées entre le 2 et le 10 avril 1984. Elles ont eu pour objectifs de transmettre aux participants le projet de conférence remanié, de déterminer la façon de gérer le ou les sièges de leur secteur et de recueillir leur perception des problèmes devant être mentionnés dans le document « État de la situation ».

Troisièmement, une première rencontre au sommet a regroupé, les 29 et 30 mai 1984, les principaux agents concernés par les relations internationales du Québec. Elle a eu pour objectifs de faire le point sur l'état de la situation et de proposer des orientations.

Quatrièmement, dix (10) rencontres sectorielles ont été planifiées entre le 7 et le 28 septembre 1984 visant à réunir les participants de chaque secteur en vue d'amorcer le processus de préparation des propositions d'action à être élaborées par les organismes invités au sommet.

Finalement, une deuxième rencontre au sommet, les 10, 11 et 12 décembre 1984, a permis d'établir un certain nombre de consensus sur des actions à entreprendre pour atteindre les objectifs du sommet, et de faire en sorte que les responsabilités de la réalisation de ces actions soient partagées entre les participants.

Déroulement

La salle de conférence comprenait une table centrale et des sections assignées aux groupes de participants, de conseillers et d'observateurs. La presse avait accès à toutes les activités du sommet ; de plus, les délibérations étaient télédiffusées en circuit fermé dans le foyer de l'hôtel. Radio-Québec diffusait en direct sur son réseau les séances d'ouverture et de clôture. De plus, les délibérations étaient télédiffusées en différé par la télévision communautaire à Montréal et à Québec.

Pour traiter les thèmes à l'ordre du jour, les invités-participants avaient accès à trente-quatre (34) fauteuils entourant une table ronde.

La démarche comprenait trois temps : l'ouverture du sommet, l'étude des propositions par thème, la synthèse et les conclusions.

Invités

Le Sommet sur le Québec dans le monde a réuni 209 invités-participants[1] et invités-conseillers qui représentaient les organismes non gouvernementaux de coopération internationale, les organismes de recherche et d'éducation, ceux de la culture et des loisirs, des communautés culturelles, de l'information et des communications, les organisations syndicales et agricoles, les organismes d'affaires et de la finance, les gouvernements municipaux, le gouvernement du Canada et le gouvernement du Québec. Chaque groupe d'invités avait une section de la table qui lui était assignée. De plus, 106 observateurs assistaient aux délibérations.

Seuls les invités à titre de particpants ont eu droit de parole à la table centrale et il appartenait aux organismes invités de gérer l'accès aux sièges qui leur étaient alloués.

---

1 L'on trouvera en annexe 1 la liste des invités au sommet.

Au cours des périodes de discussion, tous les participants siégeant à la table avaient droit de parole ; droit qu'ils pouvaient exercer aussi souvent qu'il y avait lieu de le faire pour une durée maximale de deux (2) minutes à la fois.

Pour prendre la parole, un participant signalait son intention au président des délibérations et en attendait l'assentiment.

Présidence des délibérations

Monsieur André Payette a agi comme président technique des délibérations. Dans l'exercice de son mandat, il assurait l'expression des opinions, l'amorce du dialogue, la continuité des échanges et l'identification des consensus sur des solutions d'action.

Pour ce faire, le président situait les participants par rapport aux thèmes et aux sous-thèmes de chaque séance de travail, établissait l'allocation du temps. S'il y avait lieu, il énonçait la synthèse, signalait les consensus ou faisait état des conclusions.

Il appliquait les règles convenues, voyait au bon ordre des délibérations et jugeait de la pertinence d'accorder le droit de réplique.

Le président était aidé dans ses fonctions par un adjoint pour le contenu et par une adjointe pour le droit de parole.

PREMIÈRE PARTIE
SÉANCE D'OUVERTURE

1.1 Mots de bienvenue

M. BERNARD LANDRY,
MINISTRE DES RELATIONS INTERNATIONALES ET DU COMMERCE EXTÉRIEUR DU QUÉBEC :

Mesdames et messieurs les participants, représentants du gouvernement du Canada, mesdames et messieurs du corps consulaire, chers collègues, chers amis, nous voici maintenant rendus au terme d'un exercice fort important pour l'avenir du Québec, exercice qui nous a rassemblés depuis bientôt un an. Que nous nous retrouvions aujourd'hui aussi nombreux autour de cette table témoigne à la fois de la justesse de la démarche et de l'importance accordée aux questions débattues pour l'ensemble de notre société.

Qu'il soit vital que le Québec occupe la place qui est sienne sur la place internationale, nul n'en disconvenait. Une collectivité aussi ouverte depuis ses origines ne pouvait se permettre d'ignorer les défis que pose l'évolution actuelle de la société internationale. Ces défis sont essentiellement la concurrence accrue sur les marchés traditionnels et nouveaux, l'omniprésence au sein de notre société de modèles culturels étrangers, les besoins de développement des divers secteurs que seul un appel à des ressources étrangères peut satisfaire, la nécessité absolue de s'entendre au sein de notre collectivité sur les orientations à imprimer à notre action à l'égard du développement de nos relations internationales.

Voilà autant de facteurs qui ont incité le gouvernement à inviter tous les intervenants à cette concertation sur les voies et moyens que notre société doit déterminer pour assumer pleinement son rôle au sein de la communauté internationale.

Vous avez accepté de relever ce défi avec nous. Les discussions des deux prochains jours nous permettront de préciser les moyens à mettre en oeuvre pour que la société québécoise puisse se doter des principaux instruments aptes à soutenir et à développer ses relations internationales au cours des prochaines années.

Les vingt-neuf (29) et trente (30) mai dernier, nous nous réunissions pour faire le point sur l'état de la situation et identifier des orientations possibles. Déjà, la rédaction de ce document constituait en quelque sorte un tour de force, puisqu'il réussissait pour la première fois à réunir les multiples facettes des activités internationales du Québec.

Vous avez maintenant devant vous un état de la situation revisé qui tient compte de la synthèse de cette première plénière, de la richesse, de la diversité, de la cohérence des orientations retenues, et cela à partir des objectifs soumis par le gouvernement à votre attention, objectifs qu'il n'est pas inutile de rappeler ; ils sont les suivants : comment assurer l'élargissement de l'action internationale du Québec en arrimant celle-ci au développement de notre société, notamment dans le domaine économique ;

Comment, deuxièmement, faire en sorte que les intérêts individuels se rejoignent dans les objectifs communs à l'ensemble de notre société ;

Comment faire en sorte que la population québécoise dans son ensemble soit sensibilisée aux enjeux de nos relations internationales.

Et il nous a paru que trois thèmes pouvaient se prêter à une discussion fructueuse : la coopération internationale à la fois avec les pays développés et les pays en voie de développement ; les échanges économiques internationaux et l'immigration.

Qu'il me soit permis de rappeler brièvement les grandes orientations définies à cette première plénière à titre d'introduction à nos travaux des prochains jours, orientations qui se sont traduites dans les propositions d'action qui feront maintenant l'objet de nos discussions.

Vous avez été unanimes à reconnaître le bien-fondé de l'initiative gouvernementale et des objectifs assignés à ce sommet. Vous avez dégagé dans un premier temps des grandes lignes de force qui devraient présider à l'élaboration et à l'orientation des relations internationales du Québec et qui sont les suivantes : la nécessité pour la collectivité de soutenir une action internationale originale, dynamique et concertée qui se situe dans la continuité historique du Québec et en harmonie avec ses voisins et partenaires ;

Deuxièmement, l'importance pour le gouvernement du Québec de se donner des priorités en matière de relations internationales ;

Troisièmement, nécessité pour le Québec de se doter de politiques internationales réalistes, reflétant ses valeurs et ses intérêts ;

Enfin, la priorité donnée à la collaboration entre le secteur public et le secteur privé pour la réalisation d'objectifs difficiles à atteindre en raison, en particulier, du statut juridique du Québec.

Dans le domaine de la coopération internationale, vous avez précisé votre point de vue sur quatre grands thèmes majeurs : un, la démocratisation de l'action internationale ; deux, l'élargissement de l'orientation géographique des relations internationales ; trois, l'interaction des activités de coopération et des échanges économiques et commerciaux ; quatre, la mobilité des ressources humaines et technologiques comme facteur de développement de la coopération.

Dans le domaine de l'immigration, vous avez développé trois thèmes majeurs : les orientations de l'immigration, l'accueil des immigrants, les communautés culturelles.

Enfin, trois grandes orientations se sont dégagées à propos des échanges économiques internationaux : la nécessité de continuer à favoriser l'accroissement de la capacité concurrentielle internationale des entreprises québécoises, nécessité d'utiliser davantage la coopération économique et l'aide au développement pour assurer la croissance des exportations du Québec tout en répondant aux besoins de ses partenaires commerciaux ; la priorité à accorder au développement de stratégies aptes à promouvoir les produits et services québécois ayant le meilleur potentiel sur les marchés extérieurs.

Voilà en quelques traits rapidement esquissés la toile de fond des discussions très importantes pour l'avenir du Québec que nous allons maintenant entreprendre.

Je pense que nous sommes tous conscients, et la qualité des propositions d'action soumises à notre attention le prouve, de l'importance des sessions qui débutent aujourd'hui pour l'avenir de l'action internationale du Québec et de ses retombées sur le développement de notre avenir collectif lui-même.

Nous avons travaillé avec beaucoup de détermination au cours des derniers mois ; l'ampleur et la complexité des questions dont traitent les propositions d'action que nous avons devant nous, la vigueur des actions préconisées, l'importance des intérêts en cause conféreront sans aucun doute à nos discussions des deux prochains jours une portée inaccoutumée.

Je ne doute pas que les représentants du gouvernement du Canada qui se joignent à nous à l'occasion de cette séance plénière, sauront aussi tirer le plus grand profit des débats auxquels nous allons assister pour l'avenir de l'action de notre société sur la scène internationale.

Vous pouvez être assurés qu'en tant que président de la délégation du gouvernement du Québec à ce sommet, j'y apporterai une attention et une énergie toute particulière. Je souhaite à tous et toutes un excellent sommet sur le Québec dans le monde et je voudrais maintenant inviter le président de la délégation du gouvernement du Canada, le président du Conseil du trésor, monsieur Robert René de Cotret, à nous adresser maintenant la parole.

M. ROBERT RENÉ DE COTRET,
PRÉSIDENT DU CONSEIL DU TRÉSOR, GOUVERNEMENT DU CANADA :

Merci beaucoup. Je voudrais tout d'abord vous dire que le gouvernement fédéral est très heureux de participer à cette réunion des principaux intervenants québécois qui s'intéressent au domaine international. J'aimerais remercier le gouvernement du Québec et plus particulièrement son ministre des Relations internationales et du Commerce extérieur, monsieur Bernard Landry, de l'invitation faite au gouvernement de participer à ce sommet. Notre présence ici est une des premières manifestations tangibles du nouvel esprit qui anime les relations fédérales-provinciales depuis l'avènement d'un nouveau gouvernement à Ottawa. Ce nouvel esprit se caractérise par un désir sincère et profond de coopérer avec les gouvernements provinciaux ainsi qu'avec tous les groupes socio-économiques de notre pays.

Nous vivons, monsieur le Président, dans un monde de plus en plus interdépendant et les questions internationales tiennent une place de plus en plus grande dans notre société. Nous dépendons plus que tout autre pays industrialisé de nos relations internationales pour assurer notre sécurité et notre bien-être économique. Trente pour cent (30%) de notre produit national brut, par exemple, est exporté. Il devient vite évident que tout désir de relance économique doit comporter un élément important d'ouverture sur le monde.

À cet égard, le gouvernement vient de déposer la semaine dernière, vendredi dernier plus précisément, un projet de loi intitulé Investissement Canada, qui constitue une étape de toute première importance dans l'effort majeur que le gouvernement du Canada entreprend en vue de favoriser la participation concrète des investisseurs étrangers vers la croissance économique, la relance économique, le renouveau économique, la création d'emplois dans notre pays.

Le projet de loi sur l'investissement au Canada est une initiative importante qui dit d'une part aux Canadiens et au monde entier que nous voulons favoriser autant d'investissements que possible afin de stimuler le développement industriel et commercial, d'améliorer nos capacités de concurrence sur le plan international et de ranimer l'esprit d'entreprise au Canada.

C'est essentiellement un projet de loi qui en remplace un qui était négatif vis-à-vis la participation de nos partenaires commerciaux traditionnels dans le développement de notre économie, en un qui est maintenant positif, où l'on dit : vous êtes les bienvenus, venez nous aider, on est en train de bâtir quelque chose ici et puis on aimerait que vous puissiez avoir l'occasion d'y participer à plein titre.

Nous croyons que cette relance, et c'est la grande priorité du gouvernement à l'heure actuelle, devra se faire principalement en matière d'économie, commerce, par le secteur privé. La tâche est tellement vaste que ni le secteur privé ni le gouvernement ne peuvent à eux seuls assumer la responsabilité unique de la croissance économique du pays. Il faut donc une coopération concertée qui ne peut être que le fruit de consultations avec tous les corps intermédiaires de notre société.

Je dois donc féliciter monsieur le ministre Landry d'avoir amorcé ce processus nécessaire à la convocation, aujourd'hui, d'un sommet comme celui-ci. Le gouvernement fédéral respecte toujours sa responsabilité constitutionnelle, la conduite de la politique étrangère du Canada et de la gestion de ses politiques internationales. Il demeure néanmoins qu'il faut reconnaître les diversités culturelles et économiques qui existent à travers notre pays et que nos relations avec l'étranger doivent être fortement influencées par cette mosaïque. C'est pourquoi nous entretenons des relations privilégiées avec certains pays.

Par le passé, comme vous le savez bien, nos relations avec les pays francophones ont été guidées en majeure partie par l'élément français résidant principalement au Québec et la grande homogénéité culturelle que projette la province lui a assuré un rôle essentiel dans les relations avec la francophonie. Par exemple, nous sommes présents dans l'éducation, en très étroite collaboration avec les provinces comme partenaires, au sein d'organismes tels que l'O.C.D.E., la Conférence des ministres de l'éducation nationale de la francophonie. Nous avons de concert avec le Québec, des projets de coopération avec des pays tels que l'Algérie, le Maroc, la Tunisie. L'entente que nous avons en matière d'immigration a été conçue pour permettre au Québec de mieux répondre à ses besoins démographiques tout en contribuant à la réalisation de ses aspirations culturelles et économiques.

Il faut quand même réaliser que l'intérêt des Québécois dépasse à l'évidence les frontières pourtant étendues du monde francophone. Nous devons au Québec, de plus en plus à l'avenir, étendre notre participation, une participation active, à l'ensemble de la vie internationale, économique et commerciale qu'on veut développer.

À mon avis, il est important que le Québec soit sur les premières lignes, soit à l'avant front des nouveaux développements qu'on peut envisager comme collectivité nationale québécoise, canadienne, vers les pays soit du Tiers-

Monde, soit du Pacifique, soit européens. Il faut absolument que le Québec prenne sa place à part entière dans l'ensemble du développement économique international, du développement commercial international que l'on veut envisager à l'heure actuelle dans l'ensemble du pays.

Comme vous le savez, les Canadiens ont élu un nouveau gouvernement, parce qu'ils avaient soif d'un changement. Nous sommes présentement à évaluer tous les rouages de l'appareil gouvernemental fédéral afin d'y apporter des améliorations.

Nous sommes donc ici d'abord et avant tout pour écouter vos suggestions, vous consulter et contribuer, je l'espère utilement à vos discussions. Je puis vous assurer que ces discussions recevront une attention particulière dans l'élaboration des nouvelles directions du gouvernement d'Ottawa.

Le défi en matière internationale est de taille, la crise économique a laissé des marques profondes sur les échanges entre notre pays et beaucoup d'autres. On assite en effet à une poussée du protectionnisme ; les pays en voie de développement ont de plus en plus de difficultés à rencontrer leurs obligations financières, ce qui les oblige à trouver de nouveaux moyens de s'approvisionner sur les marchés mondiaux. Le Canada doit donc composer avec un contexte économique mondial en pleine évolution.

Sur le plan de la politique internationale, nous assistons dans toutes les parties du monde à une montée des tensions et à une recrudescence des conflits armés. Il est plus que jamais essentiel que le Canada continue d'exercer son influence modératrice dans ce monde déchiré par des extrêmes.

Monsieur le Président, le Canada est confronté à des problèmes internes urgents dans un contexte mondial qui présente une foule d'incertitudes ; le Canada est résolu à s'attaquer à ces problèmes et à les résoudre. Le succès de notre démarche exige la collaboration de tous.

Nous participons, monsieur le Président, à ce sommet avec une ouverture d'esprit, un désir profond de voir le Québec jouer son plein rôle dans l'élaboration de nos politiques en matière de relations internationales et aussi de réaliser sa pleine participation dans le développement de nos liens internationaux au cours des années à venir. Merci.

1.2   Tour de table

1.2.1 Le secteur des organismes non gouvernementaux de coopération internationale

MADAME NICOLE RIBERDY,
PRÉSIDENTE DE L'ENTRAIDE MISSIONNAIRE ET PORTE-PAROLE DE L'AQOCI :

Monsieur le Président, messieurs les ministres, mesdames et messieurs. Nous abordons aujourd'hui la dernière phase du sommet sur le Québec dans le monde. Après avoir établi un bilan de la situation des relations internationales du Québec, tant sur le plan de la coopération que du commerce et de l'immigration, il est temps aujourd'hui de passer à l'action en dégageant des consensus sur les différentes voies à suivre. Il s'agit en quelque sorte d'établir entre nous tous présents ici aujourd'hui, un nouveau contrat social pour les relations internationales du Québec.

Depuis notre première rencontre en mai, six mois ont passé, six mois qui nous auront révélé une fois de plus l'interdépendance qui marque les relations entre les peuples et les États de cette planète.

Cette interdépendance, nous la constatons de plusieurs manières : dans la famine qui afflige l'Éthiopie et l'Afrique du Sael, cette famine qui interroge nos consciences et nous ouvre les yeux face aux besoins de base en sécurité alimentaire ; par des catastrophes industrielles comme celles qui se sont produites récemment à Mexico ou en Indes, qui nous font réfléchir sur certains types de développement industriel qui ont cours dans le Tiers-Monde ; enfin, par l'ignorance du respect des droits humains en Amérique latine ou ailleurs, droits bafoués par des régimes supportés par nos propres démocraties.

Les fléaux qui s'abattent sur plusieurs pays du Tiers-Monde ne sont pas que naturels, plusieurs résultent de choix humains ou encore de choix socio-économiques et politiques discutables. Il en va ainsi du protectionnisme croissant des pays développés, du soutien aveugle à des régimes dictatoriaux qui ne mènent nulle part, de l'aide commerciale liée qui entrave l'obtention au meilleur prix possible de biens et services nécessaires au développement, et du scandale du détournement des ressources en faveur d'une militarisation à outrance, tant dans le nord que dans le sud.

Comme on le voit, l'inégalité et l'injustice s'alimentent mutuellement. Les besoins élémentaires de justice, d'éducation, de santé, de nourriture des grandes masses du Tiers-Monde sont ignorés. Résultat : le désespoir s'installe un peu partout.

Pour quiconque examine notre planète aujourd'hui, même si c'est un observateur peu averti, ce qui frappe au premier plan, c'est l'incroyable inégalité qui existe entre le nord et le sud étant donné le potentiel technologique, sanitaire, éducatif et autres dont nous disposons ici dans nos pays bien pourvus.

Comme le soulignait dernièrement Jean-Paul II de passage à Edmonton, il y a un besoin actuel très grand de justice sociale et de partage entre les peuples.

Nous sommes pour le commerce, certes, mais pour un commerce qui cerne mieux nos intérêts bien compris à long terme, pas un commerce d'armes ou de biens de luxe, mais un commerce de biens d'équipements, de technologie adaptée et pour une assistance technique dans le domaine d'intérêt public où déjà nos organismes ont fait leurs preuves.

En effet, si on continue à agir de façon aussi aveugle dans nos échanges avec le Tiers-Monde, ce sont des barricades qu'il faudra bientôt ériger autour de nos frontières pour combattre la colère légitime des démunis face à nos privilèges manifestes.

Les Québécois ont leur part à fournir dans cet effort de redressement à la mesure des ressources de ce pays et de l'imagination de ses citoyens.

Les organismes de coopération internationale ici présents au sommet formulent quatre propositions qui tiennent aux actions suivantes à mettre en oeuvre : premièrement, dégager plus de ressources que nous ne le faisons actuellement pour l'aide au Tiers-Monde pour se rapprocher du zéro point sept pour cent (0.7%) du P.N.B. consacré à l'aide publique au développement, comme s'y sont déjà engagés les pays riches lors du début de la décennie du développement aux Nations-Unies ;

deuxièmement, que l'État québécois produise un énoncé clair de ses priorités en politique internationale suite à une consultation large auprès des factions et organismes constitués de la population québécoise. Nous parions sur la conscience sociale des Québécois et des Québécoises dans le sens de l'ouverture au monde et de leur solidarité avec le Tiers-Monde. La générosité dont les gens d'ici ont fait preuve dernièrement pour l'Éthiopie en fait foi ;

troisièmement, permettre la création d'un conseil québécois des relations internationales constitué de représentants des secteurs intéressés au développement et à l'aide non liée au Tiers-Monde afin de suivre et de guider la politique gouvernementale dans ce domaine ;

Et enfin, quatrièmement, maintenir et renforcer l'autonomie d'action des organismes non-gouvernementaux, organismes impliqués dans la coopération et l'aide internationale depuis plus longtemps que tout autre secteur québécois.

En conclusion, l'AQOCI tient à vous rappeler l'urgence des problèmes du Tiers-Monde qui interpellent la société québécoise aujourd'hui. Ensemble, il faut contribuer de manière prioritaire à la résolution progressive de ces problèmes. Si vous regardez autour de vous ces jours-ci, cela n'apparaît pas seulement comme une question de moralité ou de solidarité, mais comme une question de gros bon sens. Merci.

M. YVES LAJOIE,
SECRÉTAIRE DU COMITÉ QUÉBÉCOIS DE L'UNION INTERNATIONALE DES ORGANISMES FAMILIAUX :

Monsieur le Président, mesdames, messieurs, à l'occasion de ce tour de table initial de la deuxième rencontre du Sommet sur le Québec dans le monde, le Comité québécois de l'Union internationale des organismes familiaux veut affirmer clairement la pertinence de la présence des organismes familiaux à cette table et du droit de parole qui leur est reconnu.

Oeuvrant au Québec et à l'extérieur du Québec, des organismes familiaux ont établi des liens de solidarité entre les familles du monde et affirment que la réalité des familles, loin de diviser les humains, est un facteur de rencontres, d'échanges et de collaboration.

Aussi, nous soumettons respectueusement à cette noble assemblée, la philosophie qui devrait présider à nos délibérations. Toute mesure et toute proposition non susceptible de bâtir les familles du monde devrait faire l'objet d'une retenue et toute mesure et toute proposition susceptible de bâtir les familles du monde devront être retenues. Merci beaucoup.

MADAME JULIE MORENCY,
PRÉSIDENTE DU MOUVEMENT ENSEMBLE DES GROUPES DÀCTION JEUNESSE :

Je voudrais, monsieur le Président, profiter des quelques moments qui me sont accordés pour mettre en lumière la part des jeunes dans le domaine des relations internationales. L'ouverture sur le monde caractérise de plus en plus les jeunes d'aujourd'hui, et parce qu'on dit que les jeunes c'est l'avenir, je pense que ça doit faire partie de nos préoccupations pendant ces rencontres de trois jours, puisque nous sommes ici réunis pour trouver des solutions sur l'avenir des relations internationales du Québec.

Même si certains préjugés voudraient que nous fassions partie d'une génération amorphe, il n'en demeure pas moins qu'un nombre important de jeunes ont le potentiel et les qualifications pour assumer le défi de mettre le Québec sur la carte. ENGAJ, Ensemble des groupes d'action jeunesse, profitera de ce sommet et de l'année internationale de la jeunesse qui débutera en mil neuf cent quatre-vingt-cinq (1985) pour élaborer des moyens de collaboration et de coopération internationale sur une base permanente, entre les groupes de jeunes du monde entier. Cela pourra prendre plusieurs formes comme la tenue d'un forum international des jeunes qui mettrait en lumière des solutions sur la condition de vie des jeunes qu'ils soient de pays industrialisés ou en voie de développement, ou encore cela pourrait permettre de mettre en place un réseau d'échanges, de projets, de stages ou d'emplois.

Evidemment, nous avons besoin de vous, quels que soient vos secteurs parce que vous avez déjà des contacts importants, et j'oserais dire des moyens financiers, ce dont les jeunes n'ont pas, et c'est ce dont il me fera plaisir de vous entretenir au cours des prochaines heures et des prochains jours. Je vous remercie.

M. MANUEL MAITRE,
SECRÉTAIRE GÉNÉRAL DE L'ASSOCIATION INTERNATIONALE FRANCOPHONE DES AÎNÉS :

Monsieur le Président, messieurs les ministres, mesdames, messieurs. Le président de l'Association internationale francophone des ainés, AIFA, monsieur Jean-Louis Delisle étant retenu chez lui à Québec par la maladie, m'a prié de réaffirmer à ce tour de table la proposition d'action de l'AIFA, selon laquelle devant l'ampleur croissante du mouvement du troisième âge à travers le monde, le gouvernement du Québec devrait, en consultation avec les groupements intéressés, définir une politique québécoise du troisième âge, moderne et progressive, et qui puisse être une inspiration aux groupements de personnes âgées sur le plan international.

À cet effet, le gouvernement du Québec devrait mettre sur pied un office ou un bureau du troisième âge qui mette à la disposition des personnes et organismes intéressés les éléments et développements de cette politique sociale à portée internationale. Nul doute que les organismes du troisième âge du Québec membres ou non de l'AIFA seraient heureux de s'appuyer sur une telle politique et sur un tel service dans leurs échanges avec les organismes d'autres pays et régions du monde, notamment ceux et celles du Tiers-Monde. Merci, monsieur le Président.

1.2.2 Le secteur de la recherche et de l'éducation

M. CLAUDE HAMEL,
PRÉSIDENT DE LA CONFÉRENCE DES RECTEURS ET DES PRINCIPAUX DES UNIVERSITÉS DU QUÉBEC :

Les représentants du secteur de l'éducation et de la recherche se réjouissent de la tenue de la seconde étape du Sommet sur le Québec dans le monde et sont heureux d'être associés à l'entreprise de définition des relations internationales du Québec. L'urgence et l'importance d'une telle définition paraissent être reconnues par les participants comme le révèle la place privilégiée consacrée à cette question dans le cahier des propositions. Les représentants de notre secteur apprécient, quant à eux, les propositions requérant du gouvernement du Québec qu'il se donne une véritable politique en matière de relations internationales et prenne acte du fait que le ministre des Relations internationales semble disposé à préparer un énoncé de politique à l'intention du gouvernement du Québec.

Cet énoncé de même que les projets et actions qui en découleront devrait réserver à l'éducation et à la recherche une place de choix. Ce secteur s'avère en effet d'un grand intérêt pour l'avenir des relations internationales du Québec et ce à deux égards : l'éducation et la recherche sont des outils dont le développement est impérieux pour que les Québécois et leurs institutions soient présents dans le monde, pour qu'ils puissent appréhender les difficultés de la vie internationale et qu'ils puissent agir comme acteurs dynamiques de la communauté internationale.

L'éducation et la recherche sont par ailleurs des domaines dans lesquels le Québec possède une expertise certaine, qu'il a le devoir de partager avec les peuples en développement. Ceux-ci doivent pouvoir compter sur des États qui, comme le Québec, sont prêts à investir dans le bien-être et l'enrichissement collectif des membres de la société internationale.

C'est sur cette toile de fond qu'ont été dessinées les propositions d'action des organismes regroupés dans le secteur éducation et recherche. Notre secteur comprend onze (11) organismes différents. Depuis mai dernier, nous avons tenu entre nous deux réunions préparatoires à ce sommet. Nous nous sommes mis d'accord sur un certain nombre de principes concernant, entre autres, la mobilité des chercheurs, l'accueil des scientifiques et des étudiants étrangers, les ententes internationales et la promotion de l'enseignement et de la recherche dans le domaine des relations internationales.

Six organismes du secteur enseignement et recherche soumettent à ce sommet douze (12) propositions d'action ; ces organismes sont la Fédération des cégeps,

15

l'Association des directeurs de recherche industrielle du Québec, la Société québécoise de droit international, le Centre québécois des relations internationales, la Société québécoise de science politique et la Conférence des recteurs et des principaux des universités du Québec.

Nous n'avons pas eu le temps, malheureusement, de nous mettre d'accord entre nous sur le contenu détaillé et le libellé des propositions de chaque organisme. C'est pourquoi ces propositions sont présentées au nom de chacun des organismes et non pas au nom du secteur éducation et recherche et seront en conséquence explicitées et défendues durant ce sommet de trois jours par les porte-parole de chacun des organismes.

Parmi les propositions que nous soumettons, il en est certainement sur lesquelles il nous parait opportun d'attirer l'attention des participants au sommet à ce moment-ci. Ainsi, les universités et les cégeps souhaiteraient que soit élargie leur marge de manoeuvre en ce qui a trait à leurs ententes internationales, tout en reconnaissant l'importance d'agir en harmonie avec les orientations définies par le gouvernement du Québec. Nous souhaiterions pouvoir établir des ententes directes avec les organismes étrangers, étant entendu que le ministère de l'Éducation serait informé de la nature desdits projets et que des rapports à posteriori lui seraient transmis.

Nous proposons aussi que le Québec devienne encore plus accueillant pour les étudiants et chercheurs étrangers. Des politiques et législations favorisant la mobilité des personnels scientifiques, des dispositions financières particulières pour les étudiants étrangers et en particulier pour les ressortissants de pays en développement devraient être adoptées pour assurer que le Québec puisse à la fois bénéficier de l'expertise scientifique étrangère et contribuer par une aide de nature technique à la formation de formateurs.

La proposition du ministère de la Science et de la Technologie concernant un programme d'immigration de chercheurs mériterait à notre avis d'être élargie par un programme d'accueil des étudiants étrangers avec la collaboration du ministère de l'Éducation.

Nous proposons de plus que le Québec se dote d'instruments de recherche et de réflexion et qu'il développe par ce moyen et par d'autres mesures ponctuelles une expertise dans le domaine des relations internationales et du droit international.

La création d'un conseil de recherche en relations internationales, l'octroi de bourses à des étudiants québécois et l'enseignement des langues et civilisations étrangères sont présentés dans notre proposition comme étant des mesures susceptibles de permettre aux Québécois de mieux appréhender la réalité internationale et d'évaluer de façon critique les options et défis qui se posent au Québec à l'aube du XXIe siècle.

Les propositions du ministère des Relations internationales concernant la création d'une fondation du Québec pour les études internationales et du ministère de la Science et de la Technologie concernant un fonds de soutien à la coopération en recherche et développement et en innovations technologiques nous apparaissent aller dans la même direction que nos propositions. Il nous semble important de favoriser une consultation en cette perspective.

Monsieur le Président, cette synthèse de nos propositions ne saurait se substituer aux propositions détaillées que les intervenants de notre secteur ont préparées à l'intention des participants du sommet. Celles-ci ont comme seule ambition d'enrichir un débat destiné à asseoir les relations internationales du Québec sur des bases concrètes pour ainsi assurer leur plein développement. Merci.

1.2.3 Le secteur de la culture et des loisirs

M. PHILIPPE SAUVAGEAU,
PRÉSIDENT DE LA CORPORATION DES SECRÉTARIATS DES PEUPLES FRANCOPHONES :

Monsieur le Président, messieurs les ministres, mesdames et messieurs. À la faveur de la tenue de ce sommet sur le Québec dans le monde, les intervenants du secteur de la culture se sont réunis dans le but de poursuivre une réflexion et une démarche commune. C'était la première fois à notre connaissance que des représentants de l'ensemble des milieux culturels québécois avaient à se pencher sur une telle préoccupation identique, à savoir celle des relations culturelles internationales du Québec.

La chose mérite d'être soulignée en raison du précédent qu'elle comporte, de la dynamique qu'elle a suscitée et des connaissances qu'elle a permises de mettre à jour. Malgré la diversité très marquée des milieux qui composent ce secteur, malgré l'éventail très large et en apparence disparate des activités internationales des uns et des autres, les préoccupations communes sous-tendent les groupes qui composent le secteur culturel.

Les propositions d'action, au nombre de quinze (15), qui sont soumises à ce sommet sont de trois types : celles qui mettent en cause des principes d'action, celles qui visent la mise sur pied d'organismes et celles qui concernent la mise sur pied de programmes.

À ces propositions toutes complémentaires s'ajoutent quelques-unes de caractère spécifique. Je me permets d'attirer dès maintenant l'attention des partenaires sur une proposition concernant la création d'un organisme de diffusion culturelle ainsi que plusieurs pays en sont dotés. Un tel organisme apparait à ce stade-ci du développement de notre culture comme tout à fait nécessaire à la revalorisation des activités culturelles québécoises sur le plan international.

Un tel organisme nous semble-t-il a sa place complémentaire et sans qu'il y ait danger de dédoublement au côté de l'action gouvernementale.

Il en est une autre que je me permets de souligner dès maintenant, soit celle de la convocation d'un sommet sur la francophonie nord-américaine. Un tel sommet nous apparait utile et nécessaire en raison des modifications considérables survenues ces vingt-cinq (25) dernières années concernant la réalité et la pratique de la langue et de la culture française ici en Amérique du nord.

Plusieurs autres propositions sont déposées ; elles sont faites dans l'esprit qui a présidé à la démarche commune amorcée au printemps dernier par l'ensemble des organismes culturels québécois, esprit cherchant les voies les plus susceptibles d'assurer un développement intégré de nos relations culturelles avec l'étranger, comme les manifestations culturelles de l'étranger chez nous.

Tout en admettant l'importance des orientations politiques et économiques en matière de relations internationales, le secteur culturel estime essentiel que soit définie une politique qui lui soit spécifique, et élaborée en étroite collaboration avec le milieu. L'ensemble des propositions visent ces objectifs et sont faites dans la perspective d'un développement toujours continu de notre culture.

Le secteur culturel, monsieur le Président, a entrepris avec enthousiasme cette démarche commune vis-à-vis les relations culturelles internationales du Québec. Il y place beaucoup d'espoir dans les résultats escomptés et souhaite que ces dates des dix, onze et douze décembre pavent la voie à des actions pour lesquelles le milieu culturel est prêt à agir dès maintenant. Merci.

M. LOUIS JOLIN,
PRÉSIDENT DU REGROUPEMENT DES ORGANISMES NATIONAUX DE LOISIRS DU QUÉBEC :

Monsieur le Président, mesdames, messieurs, le secteur du loisir a pris très au sérieux la démarche proposée par le tenue de ce sommet sur la place du Québec dans le monde. Suite à la première phase tenue en mai dernier, nous avons poursuivi nos consultations et nos réflexions dans le but de formuler des propositions précises d'action. Nous avons essentiellement concentré nos énergies sur les deux questions que nous jugions les plus importantes pour le développement des relations internationales en matière de loisirs, à savoir premièrement la consultation et la participation des organismes non-gouvernementaux à l'élaboration des politiques de coopération internationale en matière de loisirs ; et deuxièmement, le soutien aux actions internationales de ces organismes.

Concernant la consultation et la participation du milieu à l'élaboration des politiques, nous avions dénoncé dans le cadre de la première partie de ce sommet la non-implication des organismes de loisirs dans l'élaboration des politiques de coopération internationale. Sans préciser le modèle, nous proposons à ce chapitre que les ministères sectoriels aient des mécanismes officiels de consultation des organismes dans leur secteur respectif. C'est le sens de notre première proposition.

Concernant le soutien à l'action internationale des organismes non-gouvernementaux, nous avions indiqué dans le cadre de la première partie du sommet l'immense potentiel de développement des relations internationales que représentent les organismes nationaux de loisirs de même que les contraintes limitant l'exercice de cette fonction. Et nous formulons donc à ce chapitre deux propositions : première proposition, la création d'un secrétariat de coordination géré par les associations de loisirs et dont le mandat principal serait de soutenir techniquement l'action internationale des organismes nationaux de loisirs, notamment par des programmes de documentation, d'information, de consultation professionnelle et de liaison internationale ;

deuxièmement, la mise sur pied d'un programme de soutien financier à l'action internationale des organismes non-gouvernementaux. Ce programme devrait permettre de défrayer une partie des coûts liés à cette action internationale.

Ces trois propositions nous semblent tout à fait réalisables à court terme et exigent un faible investissement financier. L'analyse du cahier des propositions vous indique à la page quatre-ving-trois (83), la volonté du ministère des Relations internationales de mettre sur pied des conseils d'orientation sectoriels où siège-raient les intervenants majeurs et les instances gouvernementales concernées. Ce conseil serait le lieu de l'identification des intérêts et des priorités des participants et également de la formulation des programmes conséquents.

Cette proposition du M. R. I. est pour nous tout à fait intéressante, elle répond spécifiquement à notre volonté d'être associés au processus de l'élaboration des politiques. Elle fournit le cadre de discussions pour la mise en oeuvre d'un programme de soutien financier aux organismes non-gouvernementaux, surtout que le ministère des Relations internationales tente d'obtenir des autorités gouvernementales que les fonds actuellement consacrés aux activités en matière de culture, de loisirs et d'éducation, soient augmentés de deux millions de dollars.

Par contre, ce mécanisme ne permet pas de répondre adéquatement aux besoins de soutien technique des organismes de loisirs en matière de relations internationales. Le développement des relations internationales entre les organismes non-gouvernementaux ne peut pas passer par l'intermédiaire de l'État, il exige le soutien d'une organisation privée de coordination. Notre proposition de création du secrétariat n'exigerait pas un investissement d'ordre administratif important. Nous ne comprenons pas les hésitations du gouvernement du Québec à soutenir financièrement une telle initiative et nous espérons que la position du gouvernement du Québec à ce chapitre n'est pas définitive et qu'il sera possible en cours de sommet d'examiner conjointement et plus en détail les modalités de cette proposition. Merci de votre attention.

1.2.4 Le secteur des communautés culturelles

M. MORTON BESSNER,
PRÉSIDENT DU COMITÉ EXÉCUTIF DU CONGRÈS JUIF CANADIEN :

Merci, monsieur le Président. Mesdames et messieurs. Au terme de plus de six mois de réflexion sur le rôle que le Québec joue, peut jouer et doit jouer dans ses relations avec le monde qui l'entoure, qui l'influence et qui reçoit ses influences, le secteur des communautés culturelles a l'honneur de présenter à cette table de sommet une série de propositions d'action. Ces propositions sont le fruit d'une réflexion amorcée avec d'autres secteurs sur l'état de la situation, et approfondie par l'examen de chacune des communautés représentées au sein du groupe des communautés culturelles. Notons que ce groupe a changé de composition au fur et à mesure que nous avancions dans les travaux. Toutefois, il me revient de reconnaître la contribution définitive de celles qui ont fait ce long chemin : la table de concertation des réfugiés, le Bureau de la communauté chrétienne des Haïtiens de Montréal ; le Congrès national des Italo-canadiens ; la Confédération des associations linguistiques et culturelles de Québec qui représente plus de vingt (20) ethnies de la région métropolitaine de Québec ; le Comité d'Amitié Québec-Italie ; l'Association culturelle Egypte-Québec, et enfin la communauté que j'ai l'honneur de représenter personnellement, soit le Congrès juif canadien.

Néo-québécois et composantes de base de la société québécoise ancienne et nouvelle, nous sommes venus de l'Europe, des Amériques, d'Afrique, de l'Asie et du Moyen-Orient et même de l'Australie. Le Québec et le Canada sont à la fois terre d'accueil et patrie pour les membres de notre groupe.

Les problèmes ont été identifiés lors de la première rencontre au sommet ; par la suite, chaque communauté a pris le soin de réfléchir davantage sur les problèmes et d'en arriver à des proprositions d'action que vous trouvez dans votre cahier. Ces propositions frappent par leur originalité, leur diversité et leur complémentarité. Nous n'avons pas poussé l'exercice théorique jusqu'à l'étape de forcer un consensus. Cependant, l'intérêt commun des communautés culturelles est évident, malgré la particularité des propositions mises de l'avant.

Voici des groupements qui s'intéressent surtout au droit fondamental et aux droits et libertés de la personne, aux grandes questions d'immigration et d'intégration à la réalité socio-culturelle, linguistique et économique du Québec, à la sécurité de nos familles et à l'information sur les communautés culturelles tant au Québec qu'à l'étranger.

Chacune de ces propositions se trouve détaillée dans le cahier et notamment aux pages quinze (15) à dix-huit (18), trois cent cinquante-six (356), trois cent soixante et onze (371) et douze (372), trois cent soixante-dix-sept (377), trois cent quatre-vingt-trois (383), quatre cent cinq (405), quatre cent onze (411) à quatre cent treize (413) et autres.

Chez tous les membres de nos différentes communautés, la famille, cellule de base de nos sociétés est un intérêt central. Non seulement faudrait-il pouvoir les réunir dans les meilleures conditions, mais aussi serait-il utile que les gouvernements du Canada et du Québec s'entendent sur les définitions de base suite à des consultations de fond avec les communautés intéressées. Les familles réunies doivent vivre en sécurité, se former dans les établissements scolaires, collégiaux et universitaires en respectant les particularismes, établir les liens permettant leur épanouissement comme communautés au Québec, s'intégrer à l'économie québécoise et même aider celle-ci à prendre de l'expansion. Les grands thèmes sont là, seulement les détails restent à définir.

Il est tout à fait normal de constater que les communautés culturelles s'intéressent au respect des droits de la personne et que celles-ci s'attendent à ce que le Québec fasse preuve du même respect dans ses relations internationales.

Les propositions particulières sont multiples, allant de la signature d'ententes culturelles jusqu'à des prescriptions visant l'importation des produits alimentaires. Les communautés culturelles ont profité de l'occasion de ce sommet sur le Québec dans le monde pour réfléchir sur un nombre important de problèmes et c'est aujourd'hui que nous livrons à nos collègues de tous les secteurs le fruit de cette réflexion. Merci, monsieur le Président.

1.2.5 Le secteur de l'information et des communications

M. DANIEL GOURD,
VICE-PRÉSIDENT DE LA FÉDÉRATION PROFESSIONNELLE DES JOURNALISTES DU QUÉBEC :

Monsieur le Président, messieurs les ministres, mesdames et messieurs, lors du premier sommet, les participants ont identifié un certain nombre de problèmes et d'obstacles qui empêchaient le Québec de rayonner davantage dans le monde. Un de ces obstacles importants c'est sans contredit le fait que les activités internationales des Québécois se reflètent très peu dans leur presse ; que la place de l'information internationale dans les pages des journaux, sur les ondes de la radio et de la télévision est extrêmement restreinte ; et cela en dépit du fait que les Québécois démontrent un intérêt très vif pour les questions internationales : toutes les études, tous les sondages au cours des dernières années démontrent ce fait clairement.

Trois raisons principales expliquent cet état de fait à notre avis : premièrement, l'absence de tradition et de motivation de la collectivité québécoise aux questions internationales ; deuxièmement, un préjugé tenace des patrons de presse qui croient encore que les Québécois s'intéressent d'abord et avant tout à leur nombril et que partant, l'information internationale n'est pas rentable ; troisièmement, un scepticisme généralisé et souvent justifié des milieux agissant au plan international, comme quoi les métiers de l'information et les entreprises de presse ne s'intéressent pas aux affaires internationales, et qu'il est donc inutile de susciter leur intérêt, leur intervention et leur réflexion.

L'ensemble des propositions que nous soumettons à cette table poursuivent trois objectifs : premièrement, permettre aux journalistes québécois de circuler davantage dans le monde, d'observer mieux donc la réalité internationale et d'en rendre compte dans leurs pages de journaux, sur les ondes de leur station de radio et de télévision, et ainsi, croyons-nous, créer un dynamisme d'échanges entre la société québécoise et la société internationale ; deuxièmement, associer les entreprises de presse à ce processus ; et troisièmement, accentuer les liens d'un milieu québécois agissant au niveau international avec la collectivité journalistique.

Nous croyons qu'une meilleure information internationale passe par une sensibilisation et une connaissance accrues des journalistes aux questions et aux réalités internationales. Comme vous l'avez constaté, nos propositions se limitent au secteur de l'information et s'articulent autour de projets très concrets, réalisables à court et à moyen terme.

Nous n'avons pas jugé bon de soumettre des propositions générales touchant les questions de fond telle la coopération et le commerce extérieur, nous croyons que d'autres milieux qui participent à ce sommet sont mieux placés que nous pour tracer des politiques, ébaucher des lignes d'action et mettre en place des mécanismes d'application de ces politiques.

Cela dit, le milieu journalistique a la réputation de regrouper des gens qui ont un avis et des opinions à exprimer sur beaucoup de choses. Alors nous tenterons d'être à la hauteur de cette réputation au cours de ce sommet. Merci.

M. ROGER JAUVIN,
VICE-PRÉSIDENT DU GROUPE VIDÉOTRON:

Monsieur le Président, messieurs les ministres, mesdames et messieurs, d'abord nous voulons remercier les organisateurs de ce sommet de l'invitation même tardive, faite aux industries de la communication de se joindre à cette table de définition et de concertation.

Nous voulons aussi rappeler aux participants, dans le cadre du sommet sur le Québec dans le monde, l'importance que le champ des communications doit occuper dans vos délibérations. À plusieurs titres, ce champ constitue un enjeu principal de notre réalité économique et culturelle.

D'abord au plan économique, l'industrie des communications représente peut-être le plus grand potentiel d'exportation ou d'importance des biens et des services. Il va de soi que la civilisation de l'information s'enracine rapidement dans les sociétés occidentales au plan culturel, elle nous lie les uns aux autres et projette notre réalité sur le plan international.

Le Québec a des acquis et des créneaux d'excellence dans le secteur des communications. Nos interventions et nos efforts tout au cours du sommet auront comme objectif d'identifier les moyens et les axes de concertation nécessaires à la mise en place et à la mise en valeur et au développement de notre présence sur les places internationales.

Nous sommes convaincus que cette présence conditionne la santé et la vitalité d'un Québec moderne dans le monde. Merci.

1.2.6 Le secteur syndical

M. FERNAND DAOUST,
SECRÉTAIRE GÉNÉRAL DE LA FÉDÉRATION DES TRAVAILLEURS DU QUÉBEC:

Monsieur le Président, messieurs les ministres, mesdames et messieurs. La toute première rencontre nous a permis de mieux identifier la complexité des liens de toutes sortes qui unissent le Québec au reste du monde. Elle nous a cependant révélé l'important travail de coordination qui reste à accomplir. Nous pouvons maintenant mieux mesurer la distance que nous avons à franchir pour assurer une présence véritable du Québec à l'étranger. Le mouvement syndical et la F.T.Q. en particulier se sentent concernés au plus haut point par l'intervention du Québec à l'étranger et ce, tant au niveau de la coopération que du commerce extérieur et de l'accueil aux immigrés. Nous comptons assurer une participation active à la définition d'avenues qui assurent au Québec une place partout où son besoin d'épanouissement l'exige.

Certaines de ces avenues semblent cependant plus pertinentes que d'autres et elles ont commandé la définition d'une dizaine de propositions de la F.T.Q. En matière de coopération internationale, nous ne saurions trop insister sur la nécessité d'une présence distincte du Québec au sein des organismes internationaux qui nous concernent tous : l'Organisation de coopération et de développement économique, l'OCDE ; l'Organisation internationale du travail, l'OIT de même qu'à l'accord général sur les tarifs douaniers et le commerce, le GATT.

En effet, bien que le partage des compétences fédérales-provinciales ne permette que l'intervention indirecte des provinces à ces instances, ces dernières n'en sont pas moins dans beaucoup de domaines les intervenants les plus au fait de la réalité.

La chose est aussi vraie en matière de relations de travail qu'en matière de coopération économique. Les négociations multilatérales risquent à l'avenir de toucher les champs de compétence provinciale. Le Québec doit établir son droit à une participation distincte, sinon plus directe aux négociations des accords du GATT et aux travaux de l'OCDE.

En matière de coopération, l'institution d'un poste d'attaché du travail dans certaines délégations du Québec à l'étranger nous apparait comme une priorité qui peut se justifier par l'importance grandissante des mouvements de main-d'oeuvre, au plan international, par la méconnaissance à l'étranger des législations du Québec en matière de relations de travail, par la nécessité d'assurer la promotion de certaines réalités, à l'étranger, et entre autres auprès de certains groupes et des grandes organisations syndicales.

En retour, le Québec doit être au fait de l'évolution des grands débats et mouvements sociaux, ainsi que des grandes interrogations dans le domaine des relations de travail et du droit du travail.

Toujours en matière de coopération, la F.T.Q. demande que soit favorisé le développement des ONG, voués à la coopération internationale. Depuis plusieurs décennies, l'image positive du Québec à l'étranger aura été en grande partie le fruit du travail d'organismes privés soutenus par les contributions de toute la population et le travail des milliers de bénévoles. L'efficacité de leur intervention en regard des coûts qu'elles engendrent, la flexibilité de leur organisation et par là de leur intervention, leur multiplication même nous conduisent aujourd'hui à demander l'aide gouvernementale nécessaire à l'efficacité plus grande encore de leur action.

Sur un autre plan, la F.T.Q. demande que soient poursuivis et réorientés les programmes d'échange des jeunes à l'étranger. Depuis quinze (15) ans, le succès remporté par le travail d'organismes comme l'Office franco-québécois pour la jeunesse a démontré le besoin pour la population du Québec de se munir d'outils lui permettant de s'enrichir des expériences étrangères. Par ailleurs, d'autres pays que la France offrent un bassin d'expériences enrichissantes desquelles nous pourrons nous inspirer.

Aussi, demandons-nous que l'expérience de ces échanges soit poursuivie avec la France, mais également avec d'autres pays francophones et non francophones.

Au niveau des échanges économiques, la F.T.Q. entend également apporter sa contribution relativement à la question de l'interdépendance de plus en plus grande des économies nationales : part de l'exportation croissante de notre PIB, milliers d'emploi reliés à l'exportation québécoise, nécessité pour le Québec d'assurer la compétitivité de ces entreprises sur les marchés mondiaux. Tout ceci commande l'instauration de mécanismes permanents de coopération, de concertation entre les intervenants gouvernementaux, commerciaux, financiers et syndicaux.

Dans cette démarche, le gouvernement du Québec se doit de jouer le rôle d'un catalyseur. Ainsi, la F.T.Q. propose-t-elle que soit créé un conseil permanent à l'exportation auquel pourront participer les représentants des différents partenaires socio-économiques québécois.

Le gouvernement fédéral a déjà mis sur pied un comité directeur pour le mois de l'exportation et cette initiative semble heureuse. Nous croyons que le Québec doit pour sa part se doter d'un conseil permanent en complémentarité avec le comité directeur qui nous permettrait de canaliser tous nos efforts pour la réussite de cet important défi qu'est la pénétration des marchés extérieurs et la conquête de nouveaux marchés.

Dans le domaine de l'immigration, nous soutiendrons toutes les démarches pour que le Québec obtienne le plein contrôle de ce champ d'activité. C'est capital pour l'avenir de notre collectivité.

Nous allons proposer des améliorations à l'ensemble des mécanismes d'accueil et d'intégration des immigrés. Compte tenu de certaines réalités que nous vivons chez nous depuis quelques temps, dans le domaine de l'accueil qu'on fait aux immigrés, le gouvernement du Québec et tous les partenaires socio-économiques doivent s'engager à prévenir et à combattre le racisme et la xénophobie sous toutes ses formes et l'on devrait aussi encourager les partenaires socio-économiques à faire de même dans leur milieu d'intervention.

Je termine en vous disant que nous devons ensemble reconnaître et faire partager à l'ensemble de la population du Québec, le fait que la présence extérieure du Québec est une de nos priorités que nous devrons maintenir, car elle est intimement liée à notre épanouissement comme société.

M. GÉRALD LAROSE,
PRÉSIDENT DE LA CONFÉDÉRATION DES SYNDICATS NATIONAUX :

Monsieur le Président, messieurs et mesdames les participants, la deuxième phase de ce sommet tombe un peu à point nommé, après un événement comme celui de l'Éthiopie, qui à cause de la réaction populaire, constitue une indication du fort potentiel de sensibilisation et d'action chez le peuple du Québec, et après l'événement de la Union Carbide qui en même temps traduit toute l'interrogation d'une stratégie qui serait uniquement pilotée par les multinationales.

À la première phase de ce sommet, nous avons eu l'occasion de faire état de notre expertise et de nos perspectives. À cette deuxième phase, nous voulons vous soumettre des propositions plus précises qui concrétisent l'ensemble de perspectives, à la fois sur la coopération internationale, les échanges économiques et l'immigration.

En résumé, nous pouvons dire que nous voulons comme centrale syndicale que le Québec ait une politique originale, positive, populaire, qui soit faite et structurée sur une base permanente avec les intervenants déjà actifs sur le terrain. Nous voulons qu'il y ait des ressources et que ces ressources soient démocratisées.

Sur le deuxième bloc, nous voulons qu'il y ait très rapidement des études d'impact notamment quant à l'emploi par rapport à une politique de libéralisation des échanges Canada — U.S., telle qu'annoncée par le gouvernement fédéral et le gouvernement du Québec ; aussi des études d'impact sur l'emploi quant à une politique de réduction des tarifs douaniers du GATT applicable d'ici mil neuf cent quatre-vingt-sept (1987). Nous voulons également qu'il y ait obligation pour les sociétés d'enregistrer les mandats de production et d'exportation en regard de la recherche et du développement parce que ce n'est pas toutes les productions ou les mandats qui sont donnés qui sont productifs au niveau de l'emploi.

Sur le troisième bloc, nous souhaitons une libéralisation en regard de certains pays des politiques d'immigration, et une amélioration sensible des conditions d'accueil, entre autres quant à une meilleure connaissance des lois sociales et des lois du travail, aux conditions du service de gardiennage, aux cours de français sur les lieux de travail, etc.

Nous souhaitons un succès à ce sommet et nous vous assurons de notre collaboration.

M. YVON CHARBONNEAU,
PRÉSIDENT DE LA CENTRALE DE L'ENSEIGNEMENT DU QUÉBEC :

Monsieur le Président, messieurs les ministres, mesdames, messieurs. À titre d'intervenant se situant à l'intérieur du secteur syndical, la C.E.Q. a comme objectif en participant à ce sommet « Québec dans le monde » de contribuer à la mise au point d'une politique québécoise cohérente et originale dans ce domaine, de faire en sorte que cette politique soit élaborée démocratiquement en tenant compte des grands secteurs de la société québécoise ; de participer concrètement à des projets de coopération internationale intéressant les personnels que nous représentons : éducation, loisirs, communications, santé, fonction publique ; de contribuer en particulier à la mise en route de projets s'adressant aux jeunes et au personnel de l'éducation et du secteur loisirs et culture ; enfin d'influencer la politique internationale du Québec dans le sens de la promotion des droits, de la compréhension internationale et interculturelle, de la paix et du désarmement ; dans le sens aussi de relations contribuant à l'inter-développement des sociétés et des peuples dans un partenariat fondé sur des qualités des parties et sur le respect des spécificités.

En conséquence, dans la suite des orientations que nous avons mises de l'avant sur la table en mai dernier, nous participerons à ces travaux avec l'espoir de voir paraître bientôt un énoncé de la politique internationale du Québec autour duquel sera conduite une consultation large mais structurée ; que soient mises en place diverses formules de consultation permanente en matière de relations et de coopération internationales, conseil consultatif, comités sectoriels d'orientation ou l'équivalent ; que des fonds adéquats soient dégagés de façon à permettre un rayonnement international propre au Québec en tant qu'État, mais aussi des organisations non gouvernementales autonomes qui sont ici représentées.

Nous souhaitons en outre que le gouvernement du Québec accepte d'intégrer le mouvement syndical à la mise en oeuvre de programmes auxquels celui-ci aura été associé à tous les niveaux. Ces programmes sont de l'ordre de la coopération internationale, de l'aide au développement, mais aussi de l'ordre de la promotion des droits humains, de la démocratie économique, du développement communautaire. Mais ces programmes dont nous souhaitons la venue doivent aussi comporter un volet interne : accueil, information, intégration des immigrants, intervention systématique pour la compréhension interculturelle et contre les préjugés et contre le racisme ; éducation des travailleuses et travailleurs et en particulier des jeunes aux réalités internationales et aussi aux réalités intercommunautaires.

Toutes les propositions s'inscrivant dans de telles perspectives recevront non seulement notre appui mais seront assurées de notre contribution effective le moment venu de leur mise en oeuvre. Merci.

M. WAYNE WILSON,
CENTRALE DES SYNDICATS DÉMOCRATIQUES, PRÉSIDENT DE LA FÉDÉRATION DE LA MÉTALLURGIE DES MINES ET DES PRODUITS CHIMIQUES DE LA CSD :

Monsieur le Président, messieurs les ministres, mesdames, messieurs, il y a à peine trois jours, c'est-à-dire vendredi dernier, la CSD comparaissait devant le Tribunal anti-dumping du Canada dans le but de revendiquer que les importations de chaussures soient plafonnées à un niveau compatible au maintien des emplois québécois et canadiens dans ce secteur. Cette démarche complexe qu'on peut qualifier de protectionniste et de défensive reflète bien le genre d'action que nous avons dû mener à de multiples reprises dans les dernières années.

Monsieur le Président, nous sommes ici aujourd'hui dans un esprit que nous voulons fort différent. En effet, nous désirons contribuer à l'élaboration d'une alternative, c'est-à-dire d'une attitude positive et d'avant-garde face aux enjeux internationaux.

D'un point de vue ouvrier, cette alternative commence d'abord par la capacité de nos membres d'être dans le coup, c'est-à-dire d'être informés et formés sur les enjeux internationaux. C'est pourquoi, monsieur le Président, nous avons élaboré trois propositions concernant les échanges économiques internationaux. Ces propositions vont tout de même toutes dans le même sens : permettre aux acteurs syndicaux d'être informés, sensibilisés et formés sur l'ouverture du Québec dans le monde. De toute façon, on n'a plus le choix, on a la volonté de prendre ce virage le plus positivement possible tout en maintenant notre pouvoir de négociation pour la protection de nos employés.

Par ailleurs, nous sommes conscients que la coopération internationale doit être cohérente avec les échanges économiques internationaux, c'est pourquoi nous sommes en accord avec l'esprit des propositions qui concernent la coopération, en particulier l'énoncé de politique, le respect des droits humains et l'aide aux États en voie de développement. Merci, monsieur le Président.

1.2.7 Le secteur agricole

M. JACQUES PROULX
PRÉSIDENT DE L'UNION DES PRODUCTEURS AGRICOLES :

Monsieur le Président, mesdames et messieurs, l'Union des producteurs agricoles et la Coopérative fédérée du Québec sont bien conscientes de l'importance de la dimension commerciale pouvant résulter d'une meilleure présence du Québec sur la scène internationale et nous appuierons bien sûr, des propositions qui iraient dans ce sens, surtout si l'on tient compte de l'important secteur agro-alimentaire.

À ce sujet, il nous apparaît important de rappeler que le marché international des produits agricoles et alimentaires se caractérise par une invervention importante des différents gouvernements, qu'il s'agisse d'exploration de nouveaux marchés, de missions commerciales, d'assurance-paiements ou encore de subventions directes ou indirectes, ce sont les gouvernements bien plus que les entreprises qui établissent les règles du jeu.

Si nos gouvernements souhaitent vraiment que nos produits agricoles et alimentaires percent sur les marchés internationaux, il importe qu'ils mettent à la disposition des entreprises agro-alimentaires québécoises des outils comparables à ceux offerts par les autres pays industrialisés.

Par ailleurs, nous croyons qu'il importe également de nous préoccuper de cette autre dimension centrale qu'est la coopération internationale, particulièrement auprès des pays en voie de développement.

En effet, en tant que représentant d'un pays riche, nous n'avons pas le droit de rester indifférents et passifs devant la terrible misère qui sévit à coeur d'année dans de trop nombreux pays. Nos nombreux problèmes ne sont rien à côté de ceux que vit jour après jour l'autre moitié du monde. Il nous faut faire quelque chose, faire davantage pour aider tous ces gens à s'en sortir.

Pour une intervention plus efficace, nous suggérons que le gouvernement du Québec se dote d'une véritable politique de coopération internationale. Pour l'essentiel, cette politique élaborée en collaboration avec les organismes du milieu s'appuierait sur le principe de la réciprocité des échanges et ferait une large place aux nombreux organismes du milieu prêts à s'impliquer financièrement ou autrement.

Elle devrait également préciser le pourcentage de notre richesse collective qui devrait être consacrée annuellement à ces fonctions. Par des projets concrets et réalistes, à partir de l'expérience et de l'expertise que nous possédons dans chacun de nos domaines, nous pourrions sans doute aider de nombreux coins du monde à se tailler progressivement un meilleur sort. Et tant mieux s'il en résulte des retombées économiques intéressantes pour notre pays. C'est un projet à très long terme qu'il nous faut cependant entreprendre sans délai.

Quant à nous du monde agricole, nous entendons dans la mesure de nos moyens, mais avec une détermination ferme, continuer et si possible accentuer nos efforts à ce niveau. Notre réussite comme celle de multiples autres organisations impliquées sera sans doute fonction de l'appui que nous recevrons de nos gouvernements.

1.2.8 Le secteur des affaires

M. GHISLAIN DUFOUR
VICE-PRÉSIDENT DU CONSEIL DU PATRONAT DU QUÉBEC :

Monsieur le Président, messieurs les ministres, mesdames et messieurs. Au mois de mai dernier, lors de la première phase du sommet sur le Québec dans le monde, le Conseil du patronat a mis l'accent sur un certain nombre de paramètres propres à permettre à l'entreprise québécoise de fonctionner dans un cadre propice aux affaires, notamment au plan international.

C'est ainsi que nous avons été amenés à parler de fiscalité ou encore de ce qu'il en coûte pour faire des affaires au Québec, des sujets sur lesquels nous reviendrons, bien sûr, au cours des deux prochains jours.

Nous avons également mis le gouvernement en garde contre la tentation de s'engager dans l'édification de super-structures coûteuses d'encadrement d'exportation pour essayer d'aider l'entreprise. De façon générale, disions-nous, les structures sont déjà en place, les connaissances, les équipements requis sont généralement disponibles même s'il y a lieu d'harmoniser et de bonifier certains programmes.

Il semble, à la lecture du cahier des propositions, à tout le moins, que le M.R.I. et le M.C.E. ont généralement entendu ce point de vue patronal. Et dans cette optique d'ailleurs, la présence de représentants du gouvernement fédéral est saluée avec beaucoup de satisfaction par le monde patronal.

La présence des deux paliers de gouvernement à cette table devrait permettre plus facilement de trouver les correctifs qui peuvent s'imposer à certains programmes ou encore d'identifier les dossiers dont le succès nécessite une plus grande collaboration entre les différents intervenants gouvernementaux.

Par ailleurs, un climat propice au développement économique implique entre autres un contrôle strict des dépenses de l'État, afin d'alléger un fardeau fiscal déjà trop lourd. Toute demande qui entraînerait des déboursés supplémentaires de l'État devra dans ce contexte faire l'objet d'une étude très attentive.

Et dans cette perspective, une lecture même rapide du cahier des propositions rend songeur. L'État ne devrait pas être considéré durant ces deux jours comme une planche à billets verts dont la capacité de production est sans limite. L'objection devrait être la création de richesses nouvelles et avant tout favoriser le développement économique.

C'est dans cet esprit, d'ailleurs, qu'à l'occasion de ce premier tour de table, le Centre de commerce mondial de Montréal, l'Association des manufacturiers canadiens et l'Association canadienne des exportateurs avec monsieur Gourdeau vous entretiendront de quelques-unes de ces propositions.

Ces propositions reflètent bien sûr la diversité du monde patronal et vous la connaissez cette diversité, et il s'avère extrêmement difficile de leur attribuer une caractéristique commune. Toutefois, il nous semble se dégager une constante : il faut donner à nos entreprises des conditions de fonctionnement qui permettent de maintenir des coûts de production concurrentiels.

C'est donc, monsieur le Président, à l'intérieur de ces grands paramètres déjà connus que le Conseil du patronat et ceux qui l'accompagnent et l'accompagneront à cette table réagiront aux propositions très nombreuses, très complexes contenues dans le cahier qui constitue en quelque sorte l'ordre du jour de cette rencontre.

Mais tout au long de ce sommet, le C.P.Q. donnera priorité à l'économique et aux propositions visant des retombées économiques, ayant à l'esprit, monsieur le ministre, que les ressources financières du gouvernement ne sont pas plus illimitées que celles des citoyens et de leurs organismes représentatifs autour de cette table.

M. ANDRÉ VALLERAND,
DIRECTEUR GÉNÉRAL DU CENTRE DE COMMERCE MONDIAL DE MONTRÉAL :

Monsieur le Président, mesdames et messieurs, le Centre de commerce mondial de Montréal partage cette conviction fondamentale qu'il est d'une impérative nécessité pour les entreprises montréalaises et québécoises de déborder ces marchés régionaux et nationaux afin d'assurer leur croissance économique et celle du Québec tout entier dans le monde.

Les aléas de la récente conjoncture économique ont forcé nos entreprises à réaliser l'importance d'élargir leurs horizons commerciaux et d'appuyer leurs actions sur les marchés internationaux, et c'est profondément convaincu des immenses capacités de faire du Québec un carrefour important sur l'échiquier international que nous soumettrons respectueusement à l'attention des participants de ce sommet des propositions qui, pensons-nous, identifient des voies d'avenir à suivre pour faire progresser Montréal en tant que principal pôle de décisions à l'échelle québécoise, canadienne, nord américaine et internationale.

À ce titre, monsieur le Président, nous proposerons à nouveau la création de centres bancaires internationaux selon des conditions et modalités que nous aurons l'occasion de discuter dans le cadre de ces délibérations pour faciliter et augmenter les transactions internationales. Le Centre soumettra à la bienveillante considération des participants la mise sur pied d'un système efficace et crédible d'arbitrage international des litiges commerciaux.

Également, et dans la perspective de doter Montréal d'attributs internationaux concrets pour renforcer sa position concurrentielle internationale, sera-t-il suggéré d'examiner la faisabilité d'instaurer à Montréal un corridor de communications commerciales sur le modèle du Téléport de New York, Tokyo, Chicago, Washington et autres.

Convaincu de l'importance de favoriser davantage l'implantation d'entreprises manufacturières organisées selon le modèle des missions mondiales, le Centre reprend à son compte une proposition d'assistance à l'établissement au Québec de telles missions. Le gouvernement, de concert avec les autres partenaires, devront examiner plus attentivement les possibilités d'un traitement préférentiel de politiques d'achat appliquées à la mission mondiale.

Nous suggérons également de se fixer au cours de la prochaine année de recruter à tout le moins une cinquantaine de missions mondiales au Québec.

Face à la montée fulgurante de la pratique du commerce de contre-échange, « counter-trade », nous croyons important de recenser toutes les compétences dans ce domaine, faciliter leur pratique et leur exercice. Nous faudra-t-il également, monsieur le Président, débattre de façon imaginative de l'urgence de se doter d'une politique d'immigration à la mesure des nouveaux défis technologiques et de l'importance de relever ce défi de la mobilité et de la compétence. Nous croyons que le résultat de ces propositions et délibérations devrait servir à insuffler à toutes nos entreprises une confiance renouvelée dans les grandes potentialités du Québec, vue tant par ses personnes, ses ressources que par son habilité à transférer ses expertises partout à travers le monde. Merci, monsieur le Président.

M. ROBERT MURRAY,
PRÉSIDENT DE L'ASSOCIATION DES MANUFACTURIERS CANADIENS, SECTION QUÉBEC :

Chers amis du Québec, dear fellow Quebecers. Le sommet sur le Québec dans le monde a pour but et je cite « d'élaborer et de mettre en oeuvre une politique extérieure originale du Québec en tenant compte des apports et des intérêts des intervenants non gouvernementaux et qui refléteraient les spécificités de notre société à l'extérieur ».

Je félicite les organisateurs de ce sommet de créer ce climat de dialogue.

Ladies and gentlemen, let us communicate, we are all interested in communicating. Nous vivons, we live in a beautiful and important part of the world as fellow Quebecers.

Au cours de la première séance du sommet, il a été souligné qu'il était nécessaire de mieux coordonner nos objectifs en matière de coopération internationale et notre action, notre promotion économique à l'extérieur du Québec. Il ne fait pas de doute qu'il existe un besoin urgent pour le monde des affaires, la main-d'oeuvre et le gouvernement, pour les sociétés et les institutions d'enseignement, pour les employeurs et les employés de collaborer pour s'entendre sur des objectifs communs.

L'Association des manufacturiers canadiens, division du Québec, croit que l'un de ces objectifs communs et primordial consiste à améliorer la productivité de notre industrie dont dépend l'avenir d'une quantité et d'une qualité extraordinaire d'emploi.

Pour ce faire, le gouvernement du Québec, dans l'élaboration de sa politique en matière de relations internationales, doit tenir compte des efforts et des actions que fait actuellement le secteur de l'industrie québécoise pour devenir plus concurrentielle dans ce grand village terrestre du monde.

Le gouvernement du Québec a certes un rôle important à jouer dans lacourse à la compétitivité des marchés étrangers. Toutefois, il doit chercher les solutions qui allègeront le fardeau de nos entrepreneurs et qui mettront à profit les initiatives des secteurs privés. Nous souhaitons à cet égard que le gouvernement du Québec recourt au vécu des organismes d'affaires du secteur privé pour préparer ses nouvelles politiques et ses nouveaux programmes, les contacts, les connaissances et les réseaux sont déjà en place. Il faut donc en tenir propre.

Et je dois dire en ce moment, mesdames et messieurs, que le gouvernement du Québec et ses représentants ont toujours été disponibles pour dialoguer avec nous de l'Association des manufacturiers.

En terminant, monsieur le ministre, vous avez, il y a quelque temps, demandé aux participants à ce sommet de vous présenter des propositions d'action pour qu'elles soient discutées autour de cette table en vue de l'obtention d'un consensus sur celles-ci à la fin du présent sommet. Je tiens à vous souligner que les propositions d'action que vous a présentées l'Association des manufacturiers canadiens et dont ils auront l'occasion de discuter autour de cette table, ont toute été élaborées à l'aide d'un comité d'exportation regroupant les petites, moyennes et grandes entreprises exportant tant à l'extérieur du Québec et du Canada et tout ceci afin d'améliorer leur productivité en vue de trouver le succès face à la concurrence internationale.

Nous, monsieur le Président, monsieur le ministre, nous du monde des affaires, il nous fait chaud au coeur d'accueillir et de souligner la présence ici de monsieur René de Cotret. Je dois aussi souligner l'absence de notre vice-président exécutif, Claude Dessurault, que la majorité de vous connaissait, qui a été terrassé d'une crise cardiaque massive et qui va de mieux en mieux et il sera de retour à son poste d'ici quelques mois, entre temps, madame Louise Fecteau qui nous assiste et qui est directeur général de l'AMC siégera ici dans ces délibérations. Je vous remercie.

M. JEAN-PAUL GOURDEAU,
ASSOCIATION CANADIENNE D'EXPORTATION :

Monsieur le Président, messieurs les ministres, mesdames et messieurs. Les exportations en dix-neuf cent quatre-vingt-trois (1983) ont représenté trente pour cent (30%) du produit national brut, et ont résulté en un peu plus de trente-trois pour cent (33%) des emplois créés au Canada. Pour l'année mil neuf cent quatre-vingt-quatre (1984), nous prévoyons une augmentation de dix pour cent (10%), ce qui est encore supérieur à l'augmentation nette du produit national brut canadien. Nous croyons donc, comme exportateur, que le commerce extérieur est d'une importance capitale pour le Canada et pour le Québec en particulier. Aujourd'hui plus que jamais, il importe de créer, et de maintenir un environnement et des conditions propres à favoriser la croissance de nos exportations.

Nous croyons donc qu'il est nécessaire que les gouvernements fédéral et provinciaux fournissent des efforts concertés et mettent en place les structures ayant comme objectif un climat propice à l'émergence de conditions générales propices à la maximisation de nos ventes.

Pour les exportateurs, l'aspect essentiel est donc d'avoir en place des politiques et des infrastructures qui fassent en sorte que les produits et les services canadiens exportés pour lesquels il y a une demande et qui ont accès aux marchés étrangers soient compétitifs.

La mise sur pied d'une telle stratégie est d'office une oeuvre de longue haleine. Selon nous, les différents niveaux de gouvernement ne doivent pas s'engager dans l'édification d'une structure d'encadrement ou encore de nouvelles tentatives d'exportation pour aider les entreprises privées.

Nous croyons plutôt que l'action gouvernementale devrait être orientée vers la création de conditions propres à favoriser le développement économique des entreprises et à créer ainsi l'exportation des produits canadiens.

Les exportateurs, de plus, sont d'avis que cette réforme devrait être axée d'une part vers des mesures aptes à favoriser certaines contraintes qui défavorisent présentement l'exportation de nos produits et d'autre part, mettre en place des mesures incitatives pour carrément favoriser nos exportateurs.

À titre d'exemple, j'aimerais souligner trois points qui seront développés plus en détail au cours des prochains jours de ce sommet économique. Tout d'abord, au point de vue compétitif, nous croyons qu'il existe présentement des contraintes fiscales et para-fiscales, et celles qui ont un impact présentement sur les coûts directement reliés à l'exportation des biens et services, par exemple les lois du travail telles qu'elles existent présentement ou encore les employés qui oeuvrent à l'étranger.

En ce qui concerne les structures présentement en place, nous considérons qu'entre les gouvernements provinciaux et fédéral, le climat devrait être la complémentarité, c'est-à-dire la nécessité fondamentale de concertation entre les services d'appui à l'exportation offerts par les deux niveaux de gouvernement et la minimisation des services duplicatifs pour faciliter l'accès aux programmes gouvernementaux dans ce secteur.

Et finalement, en ce qui concerne une mesure incitative, la nécessité de simplifier et de faciliter l'accès au services d'appui et au financement présentement en place destinés aux exportateurs. Nous considérons que présentement les sommes affectées sont raisonnables et nous savons pertinemment que le ministre des Finances et au Québec et au fédéral nous disent que les coffres sont vides, donc nous ne demandons pas de sommes additionnelles pour favoriser l'exportation, mais beaucoup plus une meilleure concertation et rendre nos efforts plus effectifs afin de maximiser les dollars qui sont présentement utilisés à cet effet. Merci.

M. LOUIS LAGACÉ,
VICE-PRÉSIDENT DE PREMIER RANG DE LA CHAMBRE DE COMMERCE DU QUÉBEC:

Monsieur le Président, messieurs les ministres, chers collègues.

Aux fins d'économiser le temps des propos d'introduction et avec l'accord de mes collègues des autres organismes qui m'entourent je me ferai leur porte-parole.

Mais tout d'abord, permettez-moi de souligner notre grande satisfaction de voir le gouvernement fédéral représenté à cette table. Nous sommes heureux de saluer ses représentants aujourd'hui.

Le Bureau de Commerce de Montréal apporte des propositions pour faire en sorte que: 1) les PME puissent plus facilement et plus efficacement participer aux missions commerciales à venir; 2) la durée de séjour des délégués commerciaux du Canada et du Québec dans un poste à l'étranger soit prolongée de 3 à 5 ans et que leurs connaissances des marchés qu'ils explorent soient plus facilement accessibles aux intéressés; 3) les étudiants universitaires participent à des programmes qui les mettent en contact avec les activités de commerce international dans des entreprises et que le corps professoral puisse également avoir des échanges fréquents avec la réalité quotidienne de ce commerce.

Pour sa part, l'Association canadienne des courtiers en douanes propose à ce sommet que: 1) en prévision de l'application le 1er novembre 1987 (en vertu des accords du GATT) du nouveau système harmonisé international de classification des marchandises, un comité ad hoc soit formé par le ministère du Commerce extérieur regroupant les intervenants du commerce international, dont l'A.C.C.D. pour exercer une surveillance et intervenir s'il y a lieu à l'égard de l'impact de l'application de ce système sur les PME québécoises; 2) le M.C.E. forme un comité ad hoc pour rechercher et analyser les impacts économiques sur les PME québécoises de la libéralisation des échanges prévue avec les États-Unis; 3) le M.C.E. mette en valeur auprès des intéressés le rôle des courtiers en douanes/transitaires dans les échanges internationaux; 4) afin de protéger les PME québécoises, soit créé un comité ad hoc qui regrouperait le M.C.E., le ministère des Transports et les intervenants impliqués, dont l'A.C.C.D., ayant pour buts d'examiner et négocier les termes de la loi dérogatoire à la loi canadienne sur les transports permettant le système des conférences maritimes, ladite loi devant être sanctionnée à nouveau par le gouvernement canadien avant le 31 mars 1985 ; 5) l'A.C.C.D. forme avec les ministère des Transports du Québec un comité ad hoc qui examine la possibilité que soient dédouanées au Québec plutôt qu'en Ontario la majorité des marchandises importées des États-Unis arrivant au Canada par le système de petits colis dits « courriers ».

L'Association des commissaires industriels du Québec propose pour sa part que : 1) un programme d'information intensif soit fourni aux commissaires industriels par le ministère du Commerce extérieur afin d'orienter leurs missions de prospection et que les institutions bancaires lui fasse des offres de service pour un programme de formation de 2 à 3 jours sur les différentes façons d'aider un nouvel exportateur ; 2) la participation de commissaires industriels à des missions commerciales avec des exportateurs provenant de leur région ceci à l'intérieur des programmes APEX et PEMD.

La Maison régionale de l'industrie de l'Estrie recommande : 1) la cohérence des politiques de programmes et services gouvernementaux à l'exportation par une meilleure coordination afin d'éviter le chevauchement et d'assurer un meilleur rendement de nos impôts, par une information claire, précise et continue à leur clientèle et en se dotant de mécanismes d'évaluation de leurs services au niveau quantitatif et qualitatif, évaluations qui devraient être fournies aux usagers de ces services ; 2) un programme d'aide à la création, au fonctionnement de clubs d'exportateurs qui fonctionneraient à travers le Québec sur une base régionale et qui pourraient se regrouper au niveau provincial pour devenir le porte-parole des exportateurs.

Enfin, la Chambre de commerce du Québec apporte à cette table les recommandations suivantes : 1) l'institution par les gouvernements du Québec et du Canada d'un « test de compétitivité » c'est-à-dire d'une évaluation, dans un premier temps, de chaque nouvelle loi ou nouveau règlement pour déterminer son degré de facilitation ou de nuisance à la compétitivité des entreprises canadiennes exportatrices. Dans une seconde étape toutes les lois et tous les règlements existants devraient être examinés avec les mêmes critères et l'analyse préalable. La méthodologie d'application et les résultats de ces tests devraient être rendus publics ; 2) une immigration à la mesure de nos besoins et de nos moyens c'est-à-dire privilégiant les travailleurs autonomes dont l'intégration à notre main-d'oeuvre active peut être prévue. Les immigrants entrepreneurs et investisseurs ainsi que les réfugiés victimes de catastrophe et en détresse ; 3) la promotion de la clause d'arbitrage de la Chambre de commerce internationale qui évite à nos exportateurs, en cas de conflits avec l'acheteur, d'être entraînés dans des cours de justice étrangères, assure des règlements plus rapides dans la discrétion et par des arbitres expérimentés et facilite très souvent des règlements hors cours.

Voilà donc, monsieur le Président, l'essentiel de la contribution que nous apporte le groupe d'organismes que je viens de mentionner. J'ose espérer que messieurs les ministres observeront avec satisfaction combien ont été réduites à très peu de choses les demandes de subventions, de programmes ou de création de nouvelles structures gouvernementales permanentes contenues dans les propositions que j'ai énumérées. En ce qui nous concerne à la Chambre de commerce, nous déplorons que malgré les directives données à cet effet par le Secrétariat des conférences à tous ceux qui apportaient des recommandations à cette table, plusieurs ont proposé des subventions, programmes et structures nouvelles qui semblent impliquer des coûts immédiats et potentiels qui n'ont pas été dévoilés.

Nous l'avons tous reconnu, nous sommes dans une situation où les finances publiques doivent être assainies, les dépenses et les déficits doivent être comprimés. Dans un tel contexte nos collègues devront comprendre que nous avons d'avance sinon des objections ou des oppositions, à tout le moins des questions pressantes sur la justification de toutes ces recommandations qui sollicitent finalement des augmentations d'impôts des contribuables québécois sans clairement démontrer un bénéfice au moins équivalent pour l'ensemble.

En terminant, monsieur le Président, permettez que j'adresse un bon mot d'appréciation à l'égard de ceux qui nous ont préparé aussi rapidement le document très informatif que constitue « l'État de la situation ».

Nous observons cependant qu'étant donné l'envergure énorme — et probablement trop grande — du défi de mesurer les relations internationales du Québec sous toutes leurs formes, la plupart n'ont pu être traitées que très superficiellement. Il en est même une très importante, le sport professionnel, qui, loin d'avoir été évalué, n'a même pas été mentionné spécifiquement malgré notre avis sur le sujet dès les premières réunions de préparation du Sommet. Il reste donc un immense travail à accomplir pour quiconque voudrait produire un document qui identifie et mesure adéquatement, ne serait-ce que dans leurs dimensions économiques, les diverses formes d'échanges entre le Québec et le reste du monde et essaie, pour être vraiment utile, de nous en montrer l'évolution dans le temps.

Nous tenons par ailleurs à vous dire la collaboration ouverte, efficace et empressée que nous avons reçue jusqu'ici du personnel du secrétariat à partir de son directeur, M. Pierre Fontaine.

Monsieur le Président, notre groupe est présent à cette table dans un esprit positif et avec un désir authentique de rechercher, de découvrir et d'appliquer de meilleures méthodes pour que la présence du Québec dans le monde soit plus profitable à tous les Québécois.

1.2.9 Le secteur de la finance

M. YVON DANEAU,
SECRÉTAIRE GÉNÉRAL DE LA CONFÉDÉRATION DES CAISSES POPULAIRES ET D'ÉCONOMIE DESJARDINS :

Monsieur le Président, mesdames et messieurs, dans l'esprit de la plupart des Québécoises et des Québécois, le Mouvement Desjardins demeure d'abord une institution de chez nous et cela est vrai. Au moment d'amorcer la deuxième étape de ce sommet, il nous apparaît important de rappeler que la naissance, le développement et l'avenir du Mouvement Desjardins ont été et continuent d'être liés à une coopération internationale croissante.

Évoquons quelques faits. Alphonse Desjardins s'est inspiré chez les principaux leaders coopératifs européens de son temps et a exporté à travers toute la nouvelle Angleterre le modèle de développement coopératif qu'il avait lui-même arrêté pour le Québec.

Depuis plus de vingt (20) ans, le Mouvement Desjardins est associé de diverses manières à des programmes d'assistance technique dans les pays en voie de développement. Aussi l'accueil de stagiaires à l'Institut coopératif Desjardins, présence en Afrique et en Amérique latine à travers la Société de développement international Desjardins, et ceci avec l'appui financier de l'Agence canadienne de développement international, et un support d'appoint du ministère des Relations internationales du Québec.

Également, monsieur le Président, levée de fonds pour les pays en voie de développement par l'intermédiaire du réseau des Caisses populaires de l'économie Desjardins, chose que nous avons faite tout dernièrement dans des conditions dramatiques.

Notons également une présence de plus en plus tangible et significative dans plusieurs organisations coopératives internationales, et surtout l'insertion progressive de la Caisse centrale Desjardins sur les marchés financiers internationaux.

Le Mouvement Desjardins se bâtit donc à la fois sur un enracinement dans sa société d'origine et sur des solidarités et des engagements qui débordent largement ses frontières naturelles.

Monsieur le Président, il ne faudrait donc pas vous surprendre si nos interventions au cours de ce sommet se concentrent principalement sur le volet de la coopération internationale.

Nous entendons y faire valoir l'importance que nous attachons, aussi bien en termes de politique que d'appui financier, à la reconnaissance de la contribution particulière des organisations non-gouvernementales et à l'émergence, parallèlement à la constitution de rapports entre États, d'un secteur de coopération dite institutionnelle de plus en plus visible, efficace et exigeant.

Nous insisterons également sur l'impérieuse nécessité de bonifier nos pratiques d'échanges économiques internationaux et sur la mise en oeuvre de politiques généreuses et efficientes dans le secteur de l'immigration.

Nous aurons sans doute l'occasion de nous exprimer plus longuement sur ces sujets au cours de ce débat. Je vous remercie, monsieur le Président.

M. RENÉ JARRY,
PRÉSIDENT DU CONSEIL DE LA SECTION QUÉBEC DE L'ASSOCIATION
CANADIENNE DES COURTIERS EN VALEURS MOBILIÈRES.

Monsieur le Président, messieurs les ministres, participantes, participants. Tout d'abord nous nous réjouissons d'apprendre que le gouvernement du Québec se propose d'instituer de nouvelles mesures de soutien à la PME exportatrice. Nous félicitons les ministres responsables de cette heureuse initiative.

L'Association canadienne des courtiers en valeurs mobilières a soumis une proposition à cet effet lors de la réunion de la première table de concertation en mai dernier. Nous sommes convaincus que seules les PME capitalisées adéquatement et dont les assises financières sont solides pourront assumer ce rôle qu'on veut leur attribuer dans le rayonnement du Québec à l'étranger.

L'on sait, monsieur le Président, qu'un emploi sur trois au Québec dépend de l'exportation et qu'une bonne part du produit intérieur brut du Québec en provient. Or, il est essentiel que les petites et moyennes entreprises qui jouent un rôle important dans ce secteur se donnent des structures financières adéquates et qu'elles soient compétitives.

Nous réitérons donc notre proposition d'ajouter un supplément de déduction au REA pour les titres de sociétés émettrices qui dirigent une portion importante de leur production vers les marchés étrangers et connaissant le succès des émissions REA dans le public, des capitaux importants pourront être injectés dans la PME exportatrice.

D'autre part, nous incitons le gouvernement fédéral à coopérer avec le gouvernement provincial et la communauté économique et financière de Montréal en ce qui a trait au développement d'un centre bancaire international à Montréal. Montréal est en effet le seul centre financier en Amérique du nord avec une structure complètement bilingue, ce qui en fait à notre avis une plaque tournante naturelle pour les relations bancaires et commerciales avec les autres parties du monde.

Je profite de l'occasion pour remercier le gouvernement fédéral d'avoir accepté l'invitation du gouvernement du Québec de participer à ce sommet.

Pour terminer, j'aimerais souligner que la mobilité des capitaux à l'échelle internationale est une situation de fait et une question qui est devenue la préoccupation constante de tous oeuvrant dans ce secteur.

Le Québec a un rôle primordial à y jouer. En effet, le Québec, un territoire majoritairement francophone, peut, si nous savons bien tirer partie des occasions qui s'offrent à nous, servir de tremplin ou d'avenue aux investisseurs étrangers, plus particulièrement de langue française qui désirent rayonner en Amérique du nord. Merci, monsieur le Président.

1.2.10 Le secteur municipal

M. JEAN CORBEIL,
PRÉSIDENT DE L'UNION DES MUNICIPALITÉS DU QUÉBEC :

Monsieur le Président, messieurs les ministres, mesdames et messieurs, c'est avec plaisir que l'UMQ a accepté l'invitation qui lui a été faite de participer à ce sommet et c'est avec un très vif plaisir qu'elle suivra les délibérations de la présente étape et participera à ses travaux.

Je vous rappelle, monsieur le Président, que l'Union des municipalités du Québec regroupe plus de trois cents (300) entités administratives locales à l'intérieur desquelles vit une population de près de cinq millions de personnes, soit plus de quatre-vingts pourcent (80%) de la population globale du Québec. Nos membres administrent une enveloppe budgétaire totale de près de quatre milliards et demi de dollars.

Pour ce premier tour de table, mes propos porteront principalement sur des considérations générales propres à raffermir notre commerce extérieur. Je reviendrai au cours du sommet sur des aspects plus spécifiques au monde municipal.

Pour toute société, l'ouverture sur le monde est en soi un processus exigeant en ce qu'il présuppose certaines attitudes. Ainsi, comme attitude à développer et à se renforcer, j'en relèverai trois qui m'apparaissent très importantes, à savoir la confiance en soi, l'acceptation de compromis et la libéralisation de l'économie. Ces attitudes sont à la base même des échanges internationaux.

Or, sans vouloir porter un jugement trop sévère sur la société québécoise, je crois que notre société n'a pas encore fait siennes ce genre de prédispositions.

Historiquement, on constate que la société québécoise a longtemps été une société repliée sur elle-même. Evidemment, cette réalité s'explique par différents facteurs socio-politiques, mais cela n'en représente pas moins un trait culturel de notre société, d'où la nécessité de créer un environnement favorable aux échanges avec l'extérieur.

Par conséquent, notre mentalité face au monde extérieur doit être modifiée dans l'optique d'un accroissement de nos relations commerciales internationales.

En effet, toute coopération au niveau international, que ce soit la recherche de nouveaux débouchés, la venue d'investissements étrangers, ou la participation à un « joint venture » requiert une mutation profonde de la méfiance traditionnelle de notre société qui a traditionnellement craint de se retrouver en position désavantageuse dans toute transaction avec un interlocuteur de provenance et de culture différente de la nôtre.

En terminant, monsieur le Président, permettez-moi d'indiquer deux exemples d'attitudes à développer au sein de notre société. Ainsi, lors du sommet économique de mil neuf cent quatre-vingt-un (1981), monsieur Pierre Lortie, président de la Bourse de Montréal, indiquait que nous devions viser l'excellence. La poursuite d'un tel objectif doit s'appliquer non seulement à notre économie québécoise, mais être à la base de la conquête des marchés mondiaux.

Partant d'une confiance en soi, la poursuite de l'excellence traduit une volonté de faire face à la concurrence internationale et d'être compétitif sur les marchés.

Comme seconde attitude à développer, la politique d'achat chez nous,bien que louable, ne doit pas nous conduire à un repli sur nous-mêmes. En effet, nous ne devons pas hésiter à nous frotter aux autres. En conséquence, je crois que sans abandonner cette politique, nous pourrions tout au moins lui greffer son pendant international, et tenter d'harmoniser la convergence d'objectifs qui souvent en apparence du moins sont divergents pour en extraire une véritable mission industrielle qui pourrait se traduire par produire chez nous, vendre partout. Voilà, monsieur le Président, l'orientation qui nous animera au cours des présentes délibérations.

M. ROGER NICOLET,
MAIRE D'AUSTIN ET VICE-PRÉSIDENT DE L'UNION DES MUNICIPALITÉS
RÉGIONALES DE COMTÉS DU QUÉBEC :

Merci, monsieur le Président, messieurs les ministres, mesdames et messieurs. L'Union des municipalités régionales de comtés est heureuse d'avoir l'occasion de particier à ce sommet sur le Québec dans le monde. Notre organisme est une union de municipalités locales qui regroupe mille deux cents (1 200) municipalités de petite et moyenne taille au Québec.

Avec presque deux millions de Québécois répartis sur quatre-vingt-cinq pour cent (85%) du territoire, nous devons souligner que c'est chez nous que se pratique l'agriculture, que se retrouvent les mines, les grands espaces verts, les grands lieux de récréation, les pêcheries. Bref, les richesses naturelles du Québec ne se retrouvent pas au beau milieu des grandes agglomérations urbaines. Certes, ces dernières jouent un rôle primordial de développement de l'État, mais elles ne sont pas les seules.

Bien au contraire, les populations que nous représentons constituent à beaucoup d'égards le lien le plus immédiat avec notre histoire, nos traditions, les souches mêmes de notre société.

Comment peut-on continuer à parler de développement économique, social et culturel du Québec en ignorant quasi systématiquement dans nos stratégies internationales, tout ce peuple qui occupe le territoire québécois à l'extérieur des grands centres urbains ?

La création des municipalités régionales de comtés a donné à ces municipalités plus éloignées, plus isolées, moins riches, il faut le dire, la possibilité de participer à leur développement et à élaborer une politique d'ouverture sur le monde. Il n'est plus question pour nous d'accepter la règle des deux poids deux mesures.

Alors que les communautés urbaines ont le droit de se jumeler, lorsqu'elles le jugent à propos, c'est sans aucun motif valable que le monde rural se voit constamment refuser l'opportunité de procéder à des jumelages au niveau de la MRC.

Nous sommes persuadés que les représentants politiques locaux peuvent, même s'ils sont situés à l'extérieur des grandes capitales, faire beaucoup pour améliorer la situation générale du Québec sur la scène internationale.

L'accueil aux immigrants, la collaboration internationale, la recherche des investissements requis pour développer d'énormes potentiels de richesses naturelles qui se trouvent sur notre territoire et l'exportation de nos produits et de notre savoir faire.

C'est avec grand intérêt que nous nous apprêtons à participer à ce sommet sur le Québec dans le monde. Nous vous rappelons que nous voulons être enfin inclus dans les plans, les projets internationaux du Québec. Après tout, le patrimoine québécois, ses traditions, sa culture, son enracinement à la terre, à la forêt, aux rives du Saint-Laurent, à l'immensité de la Côte-Nord, Abitibi, Témiscamingue pour ne rappeler que ceux-là, c'est à l'extérieur des grandes capitales qu'on peut le retrouver.

Il n'est plus question pour les MRCQ de reculer sur ce point. C'est l'ensemble du monde municipal qui doit participer à la vie internationale du Québec et profiter de ses retombées. Il s'agit tout simplement de nous donner les meilleurs moyens d'y parvenir. Ces moyens, nous les avons exprimés dans des résolutions sur lesquelles nous aurons l'occasion de revenir au cours de ce sommet. Merci de votre attention.

1.2.11 Le gouvernement du Canada

M. ROBERT RENÉ DE COTRET
PRÉSIDENT DU CONSEIL DU TRÉSOR ET PRÉSIDENT DE LA DÉLÉGATION DU GOUVERNEMENT DU CANADA :

Monsieur le Président, mesdames et messieurs, messieurs les ministres, j'ai écouté avec beaucoup d'intérêt les propos qui ont été soulevés par les participants autour de cette table cet après-midi. J'aimerais simplement vous dire qu'à première vue, bien entendu, ces propos reflètent la réalité du Québec. Nous sommes une société qui par le passé et sans doute dans l'avenir va devoir avoir un rôle très important à jouer dans le monde. Nous avons toujours été une collectivité qui a eu des relations sur le plan politique, sur le plan diplomatique, sur le plan intellectuel, culturel ou commercial avec plusieurs pays vers l'étranger. Nous avons toujours eu une ouverture vers l'étranger. Alors c'est bien important de réaliser cette dimension de notre vie collective et j'apprécie énormément les idées qui ont été exprimées cet après-midi.

Je regardais tout à l'heure, avec intérêt, l'affiche qu'on a ici, « Québec dans le monde ». On voit, vers le bas de l'affiche, qu'on dépasse un peu les cadres et puis je pense que c'est important de le souligner, il faut les dépasser les cadres, les cadres traditionnels, les cadres qui ont peut-être limité notre champ d'action dans le monde par le passé.

Il faut les dépasser avec des nouvelles idées, des nouvelles initiatives et c'est ce qui m'intéresse dans les propos d'aujourd'hui qui peuvent peut-être donner suite à des conclusions importantes dans les jours qui vont venir.

Je vous incite énormément à tenter de les dépasser les cadres, peut-être même de les dépasser un peu plus que ce qu'on peut voir sur l'affiche. Je peux vous assurer d'une part que je suis ravi de voir le processus de consultation qui est en cours.

Je peux vous assurer, d'autre part, de la coopération entière et totale du gouvernement fédéral pour assurer ce genre de développement, ce genre d'ouverture d'esprit vers des nouveaux horizons, vers une coopération plus étroite avec nos collègues à l'étranger.

Vous pouvez être assuré que le gouvernement fédéral dans sa nouvelle optique de développement économique, dans sa nouvelle optique aussi de soutenir une initiative vis-à-vis l'établissement d'une paix dans le monde, va coopérer étroitement avec le gouvernement du Québec pour en arriver à des objectifs communs.

Il faut maintenir, il faut développer notre rôle dans le monde et c'est simplement ensemble avec tous les intervenants ici présents, y incluant, bien entendu, et d'une façon bien importante, mes collègues du gouvernement provincial, il faut absolument travailler ensemble pour être capable de développer, maintenir cette position vis-à-vis l'étranger qui nous est essentielle non seulement sur le plan économique, mais aussi sur le plan culturel et social.

Quand je parle de nouvelles idées, de nouvelles initiatives, j'aimerais soulever et plusieurs les ont déjà soulevés, les problèmes très aigus que connaissent les pays africains, en particulier l'Éthiopie. J'aimerais souligner le fait que le gouvernement a agi d'une façon rapide pour tenter d'alléger le fardeau, fardeau absolument incroyable de ces pays-là et aujourd'hui, je pense qu'on peut être satisfait, en autant qu'on puisse l'être dans une situation aussi difficile, de dire au moins qu'on a pris les devants, qu'on est au devant de tous les pays industriels dans ce domaine-là pour apporter une aide, une aide rapide à un problème aigu et c'est ce que l'on doit faire, je pense, dans tous les domaines, qu'il soit commercial, social ou culturel, il faut être à la fine pointe, il faut être à l'avant des autres.

Ce que j'aimerais qu'on puisse conclure à la fin de nos réunions cette semaine, c'est d'avoir des stratégies pour nous permettre de devancer les autres, de s'affirmer comme peuple, de s'affirmer comme collectivité dans le domaine international.

On a des défis, on a un défi à relever ici au Québec, on a un défi à relever dans l'ensemble du pays; ce sont des défis de taille et c'est ensemble, dans une atmosphère de consultation, une atmosphère de coopération et de concertation qu'on va être capable d'y arriver. Je me réjouis des délibérations de cette séance d'ouverture de la réunion d'aujourd'hui, monsieur le Président, et j'espère que ça va continuer jusqu'à la conclusion. Merci beaucoup.

1.2.12 Le gouvernement du Québec

M. PIERRE MARC JOHNSON,
MINISTRE DE LA JUSTICE, DES AFFAIRES INTERGOUVERNEMENTALES
CANADIENNES, DES COMMUNAUTÉS CULTURELLES ET DE L'IMMIGRATION :

Monsieur le Président, ça sera très bref. Chers collègues, monsieur de Cotret, mesdames, messieurs, je faisais remarquer tout à l'heure à monsieur de Cotret que ça doit être quelque chose de tenir des réunions de cabinet avec quarante (40) personnes autour de la table.

Mercredi, nous aurons l'occasion de parler ensemble d'immigration puisqu'il s'agit du troisième thème qui a été retenu dans le cadre du sommet. Je crois qu'il n'est pas nécessaire de rappeler longuement l'importance de ce thème. Le Québec s'inscrit dans cette constante historique des échanges de population, des transferts de connaissances et de richesses aussi qui ont permis à la plupart des sociétés de développer et de prospérer, de trouver des nouvelles valeurs.

Les mouvements migratoires successifs ont vraiment façonné l'évolution du Québec et une bonne partie de notre histoire. Cette importance de l'immigration demeure donc, cependant, très actuelle.

Les discussions lors de la première rencontre du sommet de mai auquel participait mon collègue Gérald Godin auront d'ailleurs permis de mettre en relief l'enrichissement que représente au plan économique, social et culturel, la venue de nouveaux Québécois.

Il faut maintenant, à l'occasion de cette seconde rencontre, adopter un certain nombre de mesures concrètes. Ces mesures devront permettre, tant aux individus qui font le choix d'immigrer chez nous qu'à la société elle-même qui les accueille, de tirer le meilleur profit de cette expérience d'immigration.

À l'occasion de l'étude des diverses propositions d'action, nous nous pencherons sur les orientations que nous souhaiterions voir donner au mouvement migratoire. Nous discuterons des dispositions particulières qu'il convient d'adopter à l'égard des immigrants investisseurs, des chercheurs et scientifiques, des immigrants qui possèdent les qualités professionnelles en demande au Québec, mais aussi des mesures relatives aux réfugiés, aux immigrants sélectionnés pour des raisons humanitaires, ou en vue de la réunification familiale.

Nous aurons également l'occasion d'aborder les questions qui touchent l'accueil que nous réservons aux immigrants de façon plus spécifique. Nous savons à cet égard que c'est l'ensemble de la société qui réalise cet accueil à travers le travail des organismes spécialisés mais également par le biais des structures publiques — le vice-président de l'Union des municipalités régionales de comtés vient de l'évoquer — et des structures privées également ; le système scolaire, le réseau socio-sanitaire, les organisations syndicales, le monde des loisirs.

Nous étudierons donc les moyens d'action qui sont propres à faciliter les échanges et la collaboration entre ces différents secteurs que nous formons à l'intérieur de la société afin d'assurer une insertion qui soit harmonieuse et réussie des immigrants qui font le choix de faire leur vie chez nous.

Enfin, nous examinerons des mesures présentées en fonction des communautés culturelles, certaines de ces mesures visent surtout à assurer une pleine participation aux membres de ces communautés à la société, tandis que d'autres ont pour objectif de favoriser des échanges entre Québécois de toutes origines.

Je ne peux présumer des résultats de nos échanges de mercredi, je souhaite pour l'essentiel, à la lecture des propositions qui ont été présentées par plusieurs d'entre vous autour de cette table, que nous arrivions à l'image même de ce qu'est l'immigration, à toucher un très large éventail de réalités.

Certaines de ces propositions interpellent un bon nombre d'intervenants ici. Il ne s'agit pas seulement de savoir ce que le gouvernement doit faire, mais ce que chacun, puisque au bout de la ligne ce qui est en cause, ce sont des êtres humains, notre accueil à leur égard, leur recherche de bonheur, notre capacité d'y participer, de faire en sorte que tous et chacun puissent mettre du leur.

C'est donc également en fonction de ces nombreuses interrelations entre la société et les phénomènes migratoires que nous avons élaboré des moyens d'action que nous vous soumettrons et que nous partagerons avec vous à compter de mercredi.

41

M. BERNARD LANDRY,
MINISTRE DES RELATIONS INTERNATIONALES ET DU COMMERCE EXTÉRIEUR DU QUÉBEC :

Monsieur le Président, chers participantes et participants. Quand le gouvernement du Québec décidait, il y a plus d'un an d'inviter ses partenaires sociaux à prendre part au présent sommet sur l'activité internationale du Québec, il fondait cette démarche sur un certain nombre de considérations tout à fait cruciales. Ces considérations méritent, au moment d'entreprendre la phase essentielle du sommet, d'être de nouveau pleinement explicitées. La première consiste à la reconnaissance de la très grande importance pour le Québec de son activité internationale. Notre société, comme toutes les sociétés contemporaines voit son évolution de plus en plus déterminée par un ensemble de courants et d'événements extérieurs ou supra-frontaliers. Cela est vrai à peu près pour tous les domaines d'activité : le culturel, le social tout autant que l'économique, secteur où notre ouverture au monde est fortement illustrée par le fait que quarante pour cent (40%) de notre produit intérieur brut va à l'exportation.

L'état d'interdépendance internationale de plus en plus poussé dans lequel se trouve le Québec ne lui est pas exclusif, c'est bien connu. Ce sont toutes les sociétés modernes qui s'y trouvent confrontées. Le défi est cependant pour nous tout à fait particulier du fait de notre spécificité sur le continent nord-américain.

Le gouvernement du Québec est bien conscient de la situation créée par l'internationalisation toujours accrue des activités humaines. La création encore récente du ministère du Commerce extérieur et le réaménagement administratif qui a donné lieu plus récemment encore à l'émergence du ministère des Relations internationales en sont des manifestations éloquentes.

Un second point à mettre en évidence est la pleine légitimité de l'action internationale du Québec. Le Québec est un État véritable, il possède un territoire, une population, un gouvernement propre. Certes cet État n'est pas souverain. Il jouit toutefois d'une compétence propre et exclusive dans bien des domaines qui souvent débordent par leur nature ou leurs exigences son cadre territorial et l'oblige à maintenir des relations avec d'autres États les uns autonomes, les autres pleinement souverains.

Il est tout à fait légitime pour le Québec d'entretenir ces relations internationales avec des partenaires étrangers dans les domaines de sa compétence et d'y poursuivre ses priorités propres.

Les participants à la première rencontre du sommet de mai dernier ont été unanimes à reconnaître cette légitimité de l'État du Québec à exercer une action internationale. Il ressort, par ailleurs, clairement, d'un sondage récemment réalisé pour le compte du ministère des Relations internationales que la très grande majorité des Québécois et Québécoises considèrent que leur gouvernement doit maintenir et intensifier sa présence au monde.

Incidemment, le droit du Québec d'agir en tant qu'État sur la scène internationale lui est juridiquement reconnu en toute charte. Deux jugements de l'ancien comité judiciaire du Conseil privé stipulent en effet nettement que les provinces canadiennes, y compris le Québec, naturellement, jouissent du prolongement international des compétences qui leur sont dévolues.

Une troisième considération pour le gouvernement du Québec a présidé à la tenue de la présente rencontre, a trait à la capacité de notre société de jouer un rôle international. Notre ouverture au monde ne date pas d'hier, en fait le Québec a toujours exercé une forte activité internationale. L'intensité de cette action s'est considérablement accentuée au cours des deux dernières décennies.

Outre le palier gouvernemental, nous nous sommes aussi dotés d'un ensemble tout à fait remarquable d'entreprises et d'institutions, d'associations et de communautés qui entretiennent des liens avec l'extérieur.

La société québécoise démontre de la sorte clairement sa capacité à exercer une forte présence internationale.

L'importance de notre ouverture au monde, notre pleine légitimité et notre indéniable capacité à exercer une activité internationale constituent les lignes directrices suivant lesquelles le gouvernement a pris l'initiative de tenir ce sommet sur le Québec dans le monde.

Le gouvernement du Québec entend prendre toutes les responsabilités qui lui incombent dans l'ouverture au monde de notre société. Tout en se faisant, il n'entend toutefois pas se substituer aux intervenants institutionnels ou privés qui ont un rôle tout à fait indispensable à jouer sur le plan international. Le gouvernement cherchera plutôt à leur fournir tout l'appui nécessaire.

C'est suivant cette double attitude que le gouvernement abordera les diverses propositions et mesures qui feront l'objet de nos discussions. Sous le thème des relations internationales, les propositions parmi les plus importantes sont celles qui concernent l'élaboration d'une politique internationale spécifiquement québécoise, le désir de voir le Québec se doter d'une telle politique m'apparaît être partagé par à peu près tous les secteurs présents autour de cette table.

En soi, cela est déjà extrêmement significatif ; le fait que l'ensemble des intervenants québécois sur la scène internationale sentent qu'il est maintenant temps que leur gouvernement ait formellement recours à cet instrument privilégié qu'est une politique étrangère, constitue en quelque sorte une reconnaissance de la maturité de la société québécoise dans son action internationale.

Dans l'esprit des membres du gouvernement, l'élaboration d'une politique de relations internationales est une oeuvre de longue haleine. Nous sommes dans cette matière beaucoup plus dans l'esprit d'une course de fond que dans celui d'un sprint. Il nous faudra donc, vous tous autant que nous, puisque vous serez associés au processus de mise en oeuvre et de conception de cette politique internationale, faire preuve de patience, de détermination et de constance, et également d'imagination, car le Québec se dotera d'une politique internationale au moment même où se pose de façon aigue la question même du rôle de l'État.

Cette politique devra échapper à la pesanteur bureaucratique et favoriser davantage plutôt qu'entraver l'action internationale des agents québécois autres que le gouvernement.

L'État ne saurait en effet prétendre amener à lui la totalité de l'action internationale du Québec. Vous l'avez, me semble-t-il, déjà fort bien compris. Des propositions d'action que vous avez formulées sont en effet pour une bonne part marquées par plus d'engagements que d'attentes à l'égard du pouvoir étatique et je vous en fais mes compliments.

Sous le thème des échanges économiques internationaux, sont regroupées un grand nombre de propositions relatives à la nécessité d'améliorer notre compétitivité industrielle, de s'assurer d'une bonne coordination et l'intervention des deux paliers de gouvernement et de trouver des solutions à des problèmes ponctuels rencontrés par nos entreprises sur les marchés extérieurs.

L'environnement fortement concurrentiel auquel est confrontée l'économie québécoise et plus particulièrement encore, notre commerce extérieur ne nous laisse pas d'autre choix que de relever le défi de l'excellence.

Nos industries doivent, pour pénétrer les marchés extérieurs, être compétitives, autrement dit pour parler sans détour et clarinette, battre la concurrence.

Je suis heureux de constater que ce slogan du ministère du Commerce extérieur ait teinté bon nombre des propositions d'action soumises au présent sommet. Certaines de ces mesures sont susceptibles de rendre nos entreprises plus agressives dans l'appropriation de leur juste part des marchés étrangers.

Pour ce qui est maintenant de la nécessaire coordination entre l'action du gouvernement du Québec dans le cadre constitutionnel présent, j'aimerais rappeler l'esprit qui a présidé à la création du ministère québécois du Commerce extérieur et qui continue d'inspirer son action. L'intervention du gouvernement du Québec dans le domaine du commerce extérieur vise explicitement à compléter l'action du gouvernement fédéral et non pas à la remplacer ou à la doubler.

Ce que nous cherchons à faire, c'est de placer les entreprises québécoises dans une position où profitant des programmes fédéraux plus les programmes québécois, elles soient avantagées par rapport à leurs concurrents.

Cette complémentarité nous apparaît bien adaptée à la structure industrielle québécoise dans laquelle les petites et moyennes entreprises occupent une grande place. Ces PME, par ailleurs souvent solides, n'ont pas toujours les ressources suffisantes pour se lancer à la conquête des marchés internationaux, elles doivent donc pour ce faire pouvoir compter sur un appui plus important du gouvernement.

L'intervention du gouvernement du Québec les assure de cet appui indispensable. L'addition de l'aide de l'État québécois à l'aide fédérale fait en sorte que nos industries sont plus concurrentielles.

Ce tour de table initial met en évidence l'ampleur et la diversité de l'action menée par la société québécoise sur la scène internationale. Il en va de même du volumineux cahier de propositions d'action qui constitue l'outil essentiel de nos travaux des prochains jours.

Le présent sommet a suscité à ce point votre réflexion que le cahier que nous avons entre les mains est, sauf erreur, celui qui de tous les cahiers des sommets regroupe le plus grand nombre de propositions d'action.

Il est clair que nous devrons faire des choix parmi toutes ces mesures, nous devrons également établir des priorités parmi les propositions reçues.

J'aimerais à cet égard vous faire savoir très franchement que l'engagement du gouvernement du Québec au présent sommet, en termes financiers, ne saurait être que prévisionnel. La société québécoise ressent encore les effets de la dure crise que nous avons traversée au cours des dernières années. Le gouvernement aussi. La marge de manoeuvre financière dont dispose le Conseil des ministres est ainsi restreinte. Je crois d'ailleurs savoir, le président du Conseil du trésor du Canada pourrait vous en parler, que nos collègues fédéraux se trouvent dans une situation tout à fait semblable.

Aussi, ne serez-vous pas surpris si nous devons faire preuve de frugalité dans les engagements que nous prendrons à court terme, même si nous pouvons convenir très souvent de l'urgence de procéder aux actions proposées.

Vous pouvez, quoi qu'il en soit, être assurés que mes collègues et moi-même sommes tout à fait conscients de la nécessité de consacrer une bonne part des ressources financières dont nous pouvons disposer au cours des années à venir au développement des relations internationales de la société québécoise.

DEUXIÈME PARTIE
ÉTUDE DU CAHIER DES
PROPOSITIONS D'ACTION

INTRODUCTION

Les propositions d'engagement et d'action qui ont fait l'objet des discussions lors de la deuxième rencontre au sommet sur le Québec dans le monde ont été regroupées selon les trois grands thèmes suivants :

— La coopération internationale
— Les échanges économiques internationaux
— L'immigration

Dans chacun de ces grands thèmes, les propositions ont été discutéespar bloc selon leurs affinités et leur objet. Ainsi, dans le domaine de la coopération internationale, quinze (15) blocs de discussion ont été dégagés pour faciliter et maximiser les échanges entre les participants. Dans le domaine des échanges économiques internationaux, nous retrouvons treize (13) blocs de discussion. Finalement, dans le domaine de l'immigration, neuf (9) blocs de discussions ont été structurés.

LA COOPÉRATION INTERNATIONALE

Dans le domaine de la coopération internationale, les propositions d'engagement et d'action ont trait à trois volets bien spécifiques.

Le premier volet comprend cinq blocs de discussion liés à l'*élaboration d'une politique québécoise en matière de relations internationales* :

Bloc 1 : Élaboration d'un énoncé de politique internationale pour le Québec

Bloc 2 : Création d'un conseil des relations internationales du Québec

Bloc 3 : Création d'un fonds de développement pour les pays en développement

Bloc 4 : Élargissement des politiques de coopération intergouvernementale

Bloc 5 : Meilleure représentation du Québec à l'étranger

Le deuxième volet comprend six blocs de discussion ayant trait aux *mécanismes et instruments de coopération internationale*, en proposant soit la création de nouvelles structures ou de nouveaux programmes, soit l'amélioration des structures et programmes existants :

Bloc 6 : Création d'organismes sectoriels de coopération internationale

Bloc 7 : Élargissement de la coopération interuniversitaire et intercollégiale

Bloc 8 : Extension du jumelage dans le monde municipal

Bloc 9 : Mise sur pied ou amélioration des programmes de soutien aux associations privées qui font de la coopération internationale

Bloc 10 : Mise sur pied de programmes de soutien à de grands événements internationaux au Québec

Bloc 11 : Mise sur pied de programmes de soutien à l'égard des manifestations culturelles à l'étranger

Le troisième et dernier volet comprend quatre blocs de discussion concernant l'élaboration de politiques et de programmes visant une meilleure *formation*, une plus grande *information* et une *sensibilisation accrue de la population* à la réalité internationale :

Bloc 12 : Mise sur pied de programmes d'études et de recherches dans le domaine international

Bloc 13 : Promotion de nouveaux programmes d'enseignement dans le domaine international

Bloc 14 :   Mise sur pied de programmes de sensibilisation des jeunes à la réalité internationale

Bloc 15 :   Mise sur pied de programmes liés au monde de l'information

Dans chacun des quinze blocs de discussion, nous ferons d'abord brièvement état des propositions qui en font partie en soulignant leur provenance et les principaux éléments qui ont été retenus aux fins de discussion[1]. Nous résumerons ensuite le résultat des délibérations en faisant ressortir, au besoin, les engagements pris par les participants, les consensus dégagés entre eux et les principaux désaccords qui y ont été observés.

BLOC 1 : Élaboration d'un énoncé de politique internationale pour le Québec

Ce premier bloc de discussion comprend sept propositions ayant trait à la nécessité de formuler pour le Québec un énoncé de politique internationale. Alors que certaines propositions font état explicitement de l'importance d'un tel énoncé, d'autres le suggèrent implicitement en mettant l'accent sur quelques éléments clés de cette politique.

A) *Résumé des propositions*

Plusieurs de ces propositions visent l'élaboration par le gouvernement du Québec, après consultation auprès de divers segments de la population, d'un énoncé officiel de politique internationale. Ces propositions sont soumises par l'Association québécoise des organismes de coopération internationale (AQOCI), la Confédération des syndicats nationaux (CSN), le ministère des Relations internationales (MRI) et dans une certaine mesure par l'Union des producteurs agricoles (UPA).

Cet énoncé de politique devra préciser les engagements à prendre concernant des notions telles que le respect des droits humains fondamentaux, proposition soumise par la communauté chrétienne des Haïtiens de Montréal (BCCHM) ; la question de la militarisation et du désarmement (l'AQOCI et la CSN) ; la reconnaissance du droit des peuples à l'autodétermination (l'AQOCI) ; le niveau et les formes d'aide destinées aux pays en développement (l'AQOCI, la CSN et l'UPA) ; etc.

Cet énoncé de politique devra par ailleurs reconnaître la présence et l'action des citoyens québécois organisés en associations dans le domaine de la coopération internationale, principe défendu par l'AQOCI, la CSN, l'UPA et les associations regroupées à la Table de la culture et des loisirs (TCL). En ce sens, l'on devra s'assurer que les politiques sectorielles de relations internationales soient faites en coordination étroite avec les intervenants privés de ces secteurs, principe défendu par la Table de la culture et des loisirs.

B) *Résultat des délibérations*

Un accord intervient entre les participants pour reconnaître la nécessité pour le Québec de se doter d'une politique de relations internationales portant sur l'en-

---

1 Pour connaître le détail des propositions soumises à cette deuxième rencontre au sommet, consulter le Cahier des propositions d'action dont quelques copies sont déposées au Secrétariat des conférences socio-économiques.

semble des thèmes abordés lors de ce sommet. Les participants conviennent que cette politique devra d'abord faire l'objet d'un énoncé, élaboré en tenant compte notamment des perceptions et consensus obtenus lors des deux phases de ce sommet (les rencontres de mai et décembre 1984). Cet énoncé sera soumis, au cours du printemps 1985, à l'attention de la Commission parlementaire sur les institutions qui constituera le lieu par excellence d'une consultation élargie auprès de l'ensemble des intervenants impliqués dans l'activité internationale et de la population en général.

BLOC 2 : Création d'un conseil des relations internationales du Québec

Ce deuxième bloc de discussion comprend deux propositions visant la création d'un conseil ou d'une commission consultative des relations internationales.

A) *Résumé des propositions*

Ces deux propositions visent la création d'un organisme consultatif des relations internationales du Québec composé des principaux intervenants québécois agissant sur la scène internationale. L'Association québécoise des organismes de coopération internationale (AQOCI) propose la mise sur pied d'un conseil consultatif alors que la Confédération des syndicats nationaux (CSN) propose une commission consultative.

Pour l'AQOCI, ce conseil verra à proposer des principes, des orientations et des priorités stratégiques pour le Québec en matière de relations internationales ; il verra également à donner des avis, à évaluer les activités gouvernementales, à effectuer des recherches et à sensibiliser les Québécois aux réalités internationales.

B) *Résultat des délibérations*

Un consensus s'établit entre tous les participants sur la nécessité de créer un organisme consultatif sur les relations internationales du Québec qui assurera le suivi des travaux de la Commission parlementaire sur les institutions et deviendra un lieu permanent de réflexion, d'échanges et d'information pour les intervenants québécois impliqués dans l'activité internationale.

BLOC 3 : Création d'un fond de développement international

Ce troisième bloc de discussion comprend trois propositions visant l'adoption d'un plan général d'intervention du Québec vis-à-vis les pays en développement.

A) *Résumé des propositions*

La proposition de l'Association québécoise des organismes de coopération internationale (AQOCI) vise la création d'un fonds de développement international de 30 à 45 millions $ pour financer les divers projets de coopération et de développement. Ce fonds comprend trois volets : une enveloppe de 25 à 30 millions $ pour le soutien direct au développement, une enveloppe de 10% du fonds total pour le volet « Éducation du public au développement » et une enveloppe de 5 millions $ pour un fonds d'urgence (sinistres, catastrophes, etc.).

53

Pour sa part, la Confédération des syndicats nationaux (CSN), propose que le gouvernement du Québec endosse les objectifs fixés par l'ONU quant aux niveaux d'aide au développement recommandés aux pays industrialisés. La CSN propose d'atteindre le 0,7% du PNB en 1987-88 et le 1,0% du PNB en 1990-91.

Quant au ministère des Relations internationales (MRI), il propose, dans un premier temps, la constitution d'un plan d'intervention de 17 millions $ d'engagements nouveaux par année, dont un minimum de 5 millions $ pour un fonds d'aide au développement, un minimum de 5 millions $ en projets de recherche conjoints pour faciliter les transferts technologiques entre le Québec et les pays en développement et d'autres montants à déterminer pour l'aide aux réfugiés ou dans les cas de catastrophes naturelles.

Quant à la gestion de ces programmes et de ces crédits, la CSN propose que l'administration en soit faite par un Office québécois de développement international ; l'AQOCI propose la création d'un conseil d'administration composé de membres provenant des secteurs du développement international et de la coopération ; le MRI propose plutôt qu'elle soit d'abord confiée à une direction spécialisée de ce ministère et qu'elle soit éventuellement confiée à un organisme spécialisé de nature paragouvernementale.

B) *Résultat des délibérations*

Un accord intervient entre la très grande majorité des participants sur la nécessité de voir augmenter substantiellement les sommes consacrées à l'aide au développement de telle sorte qu'elles se rapprochent progressivement de l'objectif d'aide visé par l'ONU de 0,7% du PNB. Sur cette question, le monde des affaires exprime cependant de sérieuses réserves parce qu'il lui semble important qu'une analyse financière approfondie de toutes les demandes monétaires à caractère international précède l'adoption de ce pourcentage comme objectif à atteindre, ce qui n'a pas été le cas jusqu'à maintenant.

En tenant compte des ressources financières actuellement disponibles, le ministère des Relations internationales du Québec s'engage à recommander au gouvernement de faire un effort supplémentaire important dans le domaine de l'aide internationale : l'ordre de grandeur qui lui sera proposé est de 5 millions $ pour l'année 1985-86 pour atteindre 15 millions $ en 1988-89, dans la perspective d'un effort global d'aide au développement qui devrait viser à rejoindre dans les meilleurs délais cet objectif du 0,7% du PNB fixé par l'ONU en y incluant la contribution québécoise aux programmes fédéraux en ce domaine.

Sur la question de la gestion de ces programmes d'aide, un consensus se dégage également à l'effet d'en confier la responsabilité, dans un premier temps, au ministère des Relations internationales qui verra à y associer étroitement les organisations non-gouvernementales. Dans un deuxième temps, lorsque les fonds consacrés à l'aide internationale le justifieront, le gouvernement du Québec pourra en confier éventuellement la gestion à un organisme spécialisé de nature paragouvernementale.

BLOC 4 : Élargissement des politiques de coopération intergouvernementale

Ce quatrième bloc de discussion comprend sept (7) propositions liées à une volonté d'intensifier l'adoption d'accords intergouvernementaux, principalement dans le monde culturel.

A) *Résumé des propositions*

Par ces propositions, la Table de la culture et des loisirs (TCL) et la Confédération des syndicats nationaux (CSN) favorisent la conclusion d'ententes culturelles avec un plus grand nombre de pays tant francophones que non francophones et la désignation de pays prioritaires après consultation avec les milieux concernés (TCL). Ces ententes devront notamment assurer une réciprocité plus équitable dans les échanges entre les pays impliqués (TCL).

Le Congrès national des Italo-canadiens (CNIC) propose que des ententes spécifiques de coopération culturelle soient conclues entre le gouvernement du Québec et le gouvernement italien en prenant comme modèle l'accord-cadre récemment signé entre le Canada et l'Italie. Par ailleurs, le Québec devra favoriser la conclusion d'ententes qui permettent des échanges de délégation provenant de milieux populaires, par le biais d'un élargissement de la formule de l'Office franco-québécois pour la jeunesse et à cet effet, envisager la création d'un Office québécois des échanges internationaux (CSN).

B) *Résultat des délibérations*

Un accord intervient entre un grand nombre de participants en vue d'élargir et de développer dans plusieurs domaines les relations et les échanges avec les pays étrangers, francophones et non francophones. Les représentants du milieu des affaires enregistrent cependant de sérieuses réserves sur les implications financières d'un tel développement. Parmi les mesures envisagées, un grand nombre de participants souhaitent l'extension du modèle d'échanges développé par l'Office franco-québécois pour la jeunesse à d'autres pays. Le ministère de l'Éducation du Québec se dit favorable à envisager les échanges de professeurs et de chercheurs autant avec les pays développés qu'en développement. Le ministère des Relations internationales du Québec se propose de donner suite aux propositions visant la conclusion d'accords bilatéraux entre le Québec et certaines régions d'Italie, notamment la création de chaires universitaires en civilisation québécoise. Finalement, l'ensemble des participants reconnaissent la nécessité que les accords culturels avec les pays développés assurent dans l'avenir une réciprocité plus équitable des échanges entre les pays impliqués.

BLOC 5 : Meilleure représentation du Québec à l'étranger

Ce cinquième bloc de discussion comprend sept (7) propositions ayant trait à l'adoption de divers moyens visant à assurer une meilleure représentation du Québec à l'étranger.

A) *Résumé des propositions*

Plusieurs de ces propositions favorisent l'engagement de spécialistes sectoriels dans les délégations du Québec à l'étranger, notamment la nomination d'attachés du travail par la Fédération des travailleurs du Québec (FTQ), de conseillers culturels par la Table de la culture et des loisirs (TCL), de spécialistes en communication par le Regroupement des industries en communication (RIC). En réponse à ces propositions, le ministère des Relations internationales (MRI) propose l'engagement de conseillers culturels, scientifiques et en relations de travail dans certaines délégations du Québec à l'étranger.

Le MRI propose de plus l'élargissement de son réseau de délégations au territoire africain dans un pays à déterminer ainsi qu'à Genève. De son côté, la FTQ souhaite que le gouvernement du Québec entreprenne auprès du gouvernement fédéral toutes les démarches nécessaires en vue de garantir au Québec une présence distincte au sein de certains organismes internationaux qui le concernent, comme l'Organisation internationale du travail (OIT), l'Organisation de coopération et de développement économique (OCDE), de même qu'aux négociations établissant l'Accord général sur les tarifs douaniers et le commerce (GATT).

B) *Résultat des délibérations*

En ce qui a trait aux moyens d'assurer une meilleure représentation du Québec à l'étranger, l'ensemble des participants s'entendent sur la nécessité de renforcer le réseau des délégations québécoises à l'étranger par l'affectation de conseillers spécialisés, notamment dans les secteurs culturel, scientifique et des relations de travail ; cependant, certaines divergences d'opinion apparaissent sur la question des aires géographiques prioritaires de ces affectations, telles que proposées par le ministère des Relations internationales. En outre, le MRI s'engage à entreprendre auprès des autorités compétentes les procédures nécessaires à l'ouverture de deux nouvelles délégations, l'une à Genève, l'autre dans un pays francophone d'Afrique.

Par ailleurs, la grande majorité des participants souhaitent que le Québec ait une participation distincte au sein des grands forums internationaux qui le concernent, notamment l'OIT, l'OCDE, et lors des rencontres de négociation du GATT.

Finalement, le MRI s'engage à développer la banque de ressources humaines du ministère concernant le placement de Québécois spécialisés au sein d'organisations internationales gouvernementales en la publicisant pour la rendre plus accessible à la société québécoise et en améliorant son efficacité par le traitement informatique.

BLOC 6 : Création d'organismes sectoriels de coopération international nationale

Ce sixième bloc de discussion comprend six (6) propositions dont l'élément central concerne la mise sur pied d'organismes sectoriels visant à faciliter les relations internationales dans des secteurs particuliers.

A) *Résumé des propositions*

Dans le domaine culturel, la Table de la culture et des loisirs (TCL) et le Comité d'amitié Québec-Italie (CAQI) proposent tous deux la création d'un organisme de diffusion culturelle au plan international ; dans le domaine des métiers d'art, il est proposé la création d'un comité permanent de coordination des relations internationales (TCL) ; dans le domaine du loisir, il est également proposé la mise sur pied d'un secrétariat permanent de coordination des relations internationales (TCL) ; finalement dans le domaine du trosième âge, l'Association internationale francophone des aînés (AIFA) souhaite la création d'un office ou d'un commissariat du troisième âge.

En réponse à ces propositions, le ministère des Relations internationales (MRI) propose plutôt la mise sur pied de conseils d'orientation sectoriels dans les domaines de la culture, du loisir, de l'éducation, de la recherche et des affaires sociales où siégeraient les intervenants majeurs et les instances gouvernementales (soit le MRI et le ministère sectoriel concerné).

B) *Résultat des délibérations*

Bien que la création de conseils d'orientation sectoriels proposée par le MRI ne satisfait pas certains participants principalement du secteur culturel et des loisirs qui jugent la proposition ministérielle incomplète, les participants s'entendent néanmoins sur la mise en place, à partir de janvier 1985, de conseils d'orientation en matière de culture (avec un volet sur les communications), d'éducation et de recherche, de loisirs et d'affaires sociales. Il est convenu que ces conseils participeront à l'élaboration et à la détermination des priorités et des programmes à mettre en oeuvre dans ces différents secteurs.

BLOC 7 : Élargissement de la coopération interuniversitaire et intercollégiale

Ce septième bloc de discussion comprend trois (3) propositions visant àfaciliter la coopération internationale directe entre universités et entre collèges d'enseignement.

A) *Résumé des propositions*

Afin de permettre aux universités, aux centres de recherche et aux cégeps de conclure des ententes directes avec leurs homologues à l'étranger à des fins de coopération internationale en éducation, la Fédération des cégeps propose l'abolition de l'article 21 de la Loi du ministère des Relations internationales qui interdit de conclure de telles ententes sans l'approbation du gouvernement. La Conférence des recteurs et des principaux d'universités du Québec (CREPUQ) propose plutôt l'exclusion de ces organismes du champ d'application du même article 21, tout en leur faisant obligation d'informer le ministère de l'Éducation des ententes en voie de négociation et de faire rapport au MEQ aposteriori.

B) *Résultat des délibérations*

Un grand nombre de participants expriment leur désaccord sur ces propositions à cause des fonds publics engagés dans ces ententes qui nécessitent un certain contrôle de la part de l'État. Toutefois, pour répondre aux difficultés et délais d'approbation que pose aux institutions d'enseignement l'application de l'article 21 lors de la signature d'ententes institutionnelles, le MRI s'engage à mettre en place des mécanismes qui assoupliront les procédures actuelles et réduiront les délais d'approbation.

BLOC 8 : Extension du jumelage dans le monde municipal

Ce huitième bloc de discussion comprend deux (2) propositions visant à faciliter dans le monde municipal l'extension du jumelage comme outil de coopération internationale.

A) *Résumé des propositions*

Alors que l'Union des municipalités du Québec (UMQ) s'engage à promouvoir le jumelage chez ses membres, l'Union des municipalités régionales de comté du Québec (UMRCQ) revendique la reconnaissance de ce droit pour les MRC et à cette fin, demande que l'on amende la Loi sur l'aménagement et l'urbanisme (loi 125) de façon à reconnaître légalement ce droit.

B) *Résultat des délibérations*

Les participants reconnaissent l'importance pour les MRC d'avoir accès au jumelage comme outil privilégié de coopération internationale et le ministère des Relations internationales se propose de suggérer aux instances concernées de modifier la loi en conséquence. Quant à l'UMQ, elle s'engage à promouvoir auprès de ses membres l'importance du jumelage des municipalités quant à ses retombées économiques potentielles pour le Québec.

BLOC 9 : Mise sur pied ou amélioration des programmes de soutien aux associations privées qui font de la coopération internationale

Ce neuvième bloc de discussion comprend cinq (5) propositions qui constituent des demandes adressées au gouvernement du Québec à l'effet de créer ou d'augmenter ses programmes de soutien financier à des organisations privées impliquées dans l'activité internationale.

A) *Résumé des propositions*

L'Association québécoise des organismes de coopération internationale (AQOCI) et la Fédération des travailleurs du Québec (FTQ) demandent que le gouvernement accorde une augmentation graduelle et substantielle de l'enveloppe budgétaire provenant du MRI et déléguée à l'AQOCI dans le respect de l'autonomie d'action des organismes non gouvernementaux : l'AQOCI demande une enveloppe de 1.5 million $ en 84-85 et qui atteindrait 5 millions $ en 1987-1988.

Dans le secteur culturel et du loisir, la Table de la culture et des loisirs (TCL) propose la mise sur pied d'un programme à frais partagé entre le MRI et les organisations participantes pour soutenir les divers projets à caractère international : soit un montant global de 300 000 $ i.e. le soutien annuel d'environ 150 projets à un coût moyen de 2 000 $ par projet.

Finalement deux demandes particulières proviennent de deux organismes spécifiques : d'une part, l'Association internationale francophone des aînés (AIFA) demande un montant de 14 000 $ pour la recherche et le développement de l'AIFA et d'autre part, la Fédération des cégeps souhaite obtenir les ressources nécessaires comme infrastructure en vue de favoriser la coopération internationale au niveau collégial.

B) *Résultat des délibérations*

En réponse à ces nombreuses demandes, le MRI envisage premièrement de verser au fonds d'aide internationale délégué à l'AQOCI un montant de 3 millions $ en 1987-88 ; de confier au Conseil d'orientation sur la culture et sur le loisir le mandat d'élaborer le programme de soutien financier en ce domaine et d'attribuer les nouveaux fonds qui pourraient s'élever à 200 000 $; également en ce qui concerne le troisième âge, de confier au Conseil d'orientation en affaires sociales le mandat d'élaborer le programme de soutien financier en ce domaine et d'attribuer les nouveaux fonds qui pourraient s'élever à 200 000 $; finalement, en ce qui concerne la demande de la Fédération des cégeps, de confier au conseil d'orientation en éducation et en recherche, un mandat similaire pour un montant de 200 000 $.

BLOC 10 : Mise sur pied de programmes de soutien à de grands événements internationaux au Québec

Ce dixième bloc de discussion comprend quatre (4) propositions concernant l'adoption de moyens visant à faciliter la tenue de grandes manifestations internationales au Québec.

A) *Résumé des propositions*

L'Union des municipalités régionales de comté du Québec (UMRCQ), pour une part, propose l'établissement d'un réseau régional intégré d'équipements culturels et de loisirs pour recevoir ces manifestations internationales sur le territoire québécois. La Table de la culture et des loisirs (CTL) propose, quant à elle, une meilleure rationalisation dans les champs de responsabilités assumés par les différents intervenants gouvernementaux et une meilleure coordination dans ses interventions à l'égard des manifestations internationales. De plus, il est proposé aux participants d'entériner le principe de projets d'organisation de deux grands événements internationaux au Québec : l'un portant sur un sommet sur la francophonie d'Amérique du Nord (TCL) dont le but est de faire le point sur la situation actuelle des peuples, communautés et groupes francophones sous les aspects économique, institutionnel, structurel et socio-culturel ; le second portant sur la tenue d'un forum international des jeunes en 1985 soumis par Ensemble des Groupes d'action jeunesse (ENGAJ) qui vise à réunir au Québec sur une période de 10 jours 200 jeunes provenant de divers pays (budget demandé : 400 000 $).

B) *Résultat des délibérations*

Le ministère des Affaires culturelles a mis en place, depuis un an, un programme d'équipements culturels qui vise à doter l'ensemble du territoire québécois des équipements de spectacles nécessaires à la tenue de manifestations culturelles en région. C'est un processus de réalisation en cours qu'il est possible d'accélérer avec la collaboration active de l'Union des municipalités du Québec.

Les participants donnerıt un accord de principe à la tenue de ces deux grands événements internationaux au Québec, d'une part un sommet sur la francophonie qui vise à rassembler au Québec, en 1986, les organisations représentatives de plus d'une douzaine de millions de « parlant-français » d'Amérique du Nord avec un budget approximatif de 500 000 $ à un million de dollars et le gouvernement fédéral se dit prêt à participer avec le gouvernement du Québec à l'organisation de cet événement, et d'autre part, un forum international des jeunes en 1985 proposé dans le cadre de l'Année internationale de la jeunesse, avec un budget préliminaire d'environ 300 000 $, sous réserve toutefois d'une consultation élargie à l'ensemble des organismes de jeunes du Québec et qu'il soit référé aux structures mises en place pour coordonner les nombreux projets reliés à cette année internationale de la jeunesse.

BLOC 11 : Mise sur pied de programmes de soutien à l'égard des manifestations culturelles à l'étranger

Ce onzième bloc de discussion comprend deux (2) propositions visant l'adoption de moyens pour soutenir plus efficacement la présence culturelle québécoise à l'étranger.

A) *Résumé des propositions*

Ces deux (2) propositions soumises par la Table de la culture et des loisirs (TCL) visent d'un côté à soutenir la participation des organismes culturels québécois aux manifestations culturelles qui se tiennent à l'étranger par l'adoption de programmes souples, clairement identifiés et portés à la connaissance de tous ; et d'un autre côté demandent le développement d'un programme structuré concernant la tenue de tournées d'artistes québécois à l'étranger et d'expositions de produits culturels québécois, et, à cette fin, un accroissement considérable des budgets.

B) *Résultat des délibérations*

En réponse à ces deux propositions, le ministère des Affaires culturelles donne un accord de principe visant à se donner des moyens pour permettre une plus grande diffusion de la culture québécoise à l'étranger.

BLOC 12 : Mise sur pied de programmes d'études et de recherches dans le domaine international

Ce douzième bloc de discussion comprend huit (8) propositions ayant trait à l'adoption de moyens visant le développement de programmes d'études et de recherches dans le domaine international.

A) *Résumé des propositions*

Le Centre québécois des relations internationales (CQRI) et la Société québécoise de droit international (SQDI) proposent la création d'un conseil de recherches en relations internationales du Québec, sorte d'organisme subventionnaire gouvernemental de la recherche en relations internationales. L'Association des directeurs de recherches industrielles du Québec (ADRIQ) propose quant à elle que le ministère de l'Éducation demande au Fonds FCAC d'instituer, dès 1985, un volet de recherches en relations internationales alors que la Société québécoise de science politique (SQSP) propose que l'on prenne des mesures nécessaires pour que les projets de coopération scientifique et technique internationale soient évalués par le Fonds FCAC comme tout autre projet scientifique. L'ADRIQ propose de plus l'institution d'un système de bourses à l'intention de jeunes diplômés universitaires en vue de seconder les organismes non-gouvernementaux dans leurs travaux pratiques.

En réponse à ces diverses propositions, le ministère des Relations internationales (MRI) propose d'instituer une Fondation du Québec pour les études internationales, sorte d'organisme public et autonome dont la subvention gouvernementale de départ est de 500 000 $, chargée principalement d'orienter, de susciter et de promouvoir le développement d'une expertise québécoise en ces matières. Pour sa part, le ministère de la Science et de la Technologie (MST) propose de plus la création d'un fonds de soutien à la coopération en recherche-développement et en innovation technologique avec les pays à fort potentiel scientifique et technique et dont les fonds envisagés sont de l'ordre de 12 millions $ pour la période s'étendant de 1985-1986 à 1992-1993.

B) *Résultat des délibérations*

Les participants dans leur ensemble donnent leur accord de principe à la création d'une fondation québécoise pour les études internationales chargée d'orienter et de promouvoir le développement d'une expertise québécoise originale en ces matières et dont le conseil d'administration serait composé d'un large éventail d'agents québécois intéressés aux relations internationales.

Un certain nombre de réserves importantes ont été soulevées à l'égard de cette fondation et du fond de soutien proposé par le MST (rapports à définir entre cette Fondation et le Fonds FCAC, priorités de recherche, coopération scientifique Nord-Nord au détriment d'une coopération Nord-Sud, etc.). À cet égard le MRI s'engage à faire préciser ces projets et à poursuivre les consultations dans le cadre de l'élaboration de l'énoncé de politique.

Par ailleurs, nous pouvons souligner que le CQRI s'engage à poursuivre ses efforts dans le domaine de la recherche sur les relations internationales et à diffuser les résultats de ses recherches afin d'éclairer les agents décideurs dans le choix des options en matière de relations internationales. De son côté, le MRI s'engage à élaborer un certain nombre d'outils (répertoire des activités internationales, etc.), permettant une meilleure circulation de l'information et une meilleure utilisation des ressources par une plus grande accessibilité aux intervenants privés.

BLOC 13 : Promotion de nouveaux programmes d'enseignement dans le domaine international

Ce treizième bloc de discussion comprend deux (2) propositions concernant principalement le développement de nouveaux programmes d'enseignement ayant trait au domaine international.

A) *Résumé des propositions*

La Société québécoise de droit international (SQDI), dans une proposition à multiples volets portant sur la promotion d'une expertise québécoise en droit international, suggère un certain nombre de moyens visant premièrement à fournir du personnel compétent en matière de droit international, deuxièmement à stimuler la recherche en ce domaine et finalement à conférer dans nos universités une importance accrue à l'enseignement du droit international.

De son côté, la Société québécoise de science politique (SQSP), propose que le gouvernement donne à l'ensemble du réseau scolaire québécois les moyens nécessaires pour promouvoir l'enseignement des langues et des civilisations étrangères.

B) *Résultat des délibérations*

Sur la question de la promotion du droit international, il est convenu que la Fondation du Québec pour les études internationales constituera un lien éventuel important pour le développement d'une expertise québécoise en droit international. En ce qui a trait à l'enseignement des langues et des civilisations étrangères, compte tenu du sérieux problème de désintéressement des jeunes à l'apprentissage des langues étrangères, les participants conviennent de l'importance d'organiser, sous la responsabilité du ministère de l'Éducation, la tenue d'un colloque au cours des prochains mois réunissant les enseignants, les administrateurs scolaires, les fonctionnaires et autres personnes intéressées afin d'approfondir les causes de cette situation et de trouver des solutions concrètes à ce problème de société.

BLOC 14 : Mise sur pied de programmes de sensibilisation des jeunes à la réalité internationale

Ce quatorzième bloc de discussion comprend quatre (4) propositions concernant l'adoption de moyens visant à favoriser une plus grande sensibilisation des jeunes, et de la population en général, aux réalités internationales.

A) *Résumé des propositions*

L'Union des municipalités régionales de comté du Québec (UMRCQ) propose la mise en place de programmes de sensibilisation des jeunes et de programmes d'échanges en territoire québécois entre les jeunes de différentes communautés à la fois dans les milieux urbains et ruraux. La Confédération des syndicats nationaux (CSN) et la Fédération des travailleurs du Québec (FTQ) proposent l'élargissement des programmes de l'Office franco-québécois pour la jeunesse (OFQJ) avec des pays francophones autres que la France pour sensibiliser les jeunes au domaine international et la Fédération professionnelle des journalistes du Québec (FPJQ) propose d'étendre cette formule aux jeunes journalistes. Plus largement, l'Association québécoise des organismes de coopération internationale (AQOCI) propose l'adoption de programmes systématiques de sensibilisation des jeunes dans le réseau scolaire québécois et de sensibilisation de la population en général par l'entremise de Radio Québec.

B) *Résultat des délibérations*

Il se dégage un consensus entre les participants sur l'importance de développer sur une longue période divers moyens pour sensibiliser les jeunes et la population en général aux réalités internationales. Parmi ceux-ci, on veut citer l'élargissement des programmes d'échanges de type OFQJ à d'autres pays et à d'autres catégories de la population ainsi que le développement d'une meilleure animation pédagogique dans les écoles en ce qui concerne le domaine international.

De plus l'UMRCQ et le Regroupement des organismes nationaux de loisirs du Québec (RONLQ) s'engagent à collaborer aux programmes de sensibilisation des jeunes aux réalités internationales qui seront éventuellement mis en place pour s'assurer qu'ils soient étendus à l'ensemble du territoire québécois et touchent le plus grand nombre de jeunes possibles.

BLOC 15 : Mise sur pied de programme liés au monde de l'information

Ce quinzième et dernier bloc de discussion du secteur de la coopération internationale comprend quatre (4) propositions concernant l'adoption de moyens concrets visant à améliorer l'information internationale au Québec.

A) *Résumé des propositions*

Trois propositions proviennent de la Fédération professionnelle des journalistes du Québec (FPJQ). La première concerne l'adoption d'un programme de stages d'étude et de reportage pour des journalistes dans les pays développés, similaire au programme vis-à-vis les pays en développement. La deuxième porte sur l'institutionnalisation de rencontres de presse sur une base régulière et concernant des questions internationales ; la troisième concerne la création d'une bourse annuelle d'excellence remise à un journaliste chevronné lui permettant de mener une recherche approfondie dans le domaine international ; finalement la dernière proposition soumise par le MRI sur la création d'un prix du Québec en affaires internationales.

B) *Résulat des délibérations*

Un grand nombre de participants conviennent de l'importance d'adopter un certain nombre de moyens visant à améliorer l'information internationale dans nos entreprises de presse écrites et parlées. Concernant l'offre de stages d'études à l'étranger pour des journalistes québécois, le MRI s'engage à débourser une somme de 40 000 à 50 000 $ à même les budgets du ministère pour réaliser ce programme. Au sujet de la dotation d'une bourse d'excellence, le MRI s'engage à y contribuer une somme de 5 000 $. Sur cette question cependant, plusieurs réserves ont été exprimées concernant la duplication possible des prix et des bourses avec ceux qui existent déjà dans le secteur privé ou gouvernemental. Les participants souscrivent volontiers au principe des rencontres de presse plus régulières sur des sujets à caractère international. Parce que toutes ces mesures sont plutôt des moyens ponctuels ou limités, il est proposé la création d'un groupe de travail chargé de dégager des mesures de redressement à plus long terme en ce domaine.

LES ÉCHANGES ÉCONOMIQUES INTERNATIONAUX

Dans le domaine des échanges économiques internationaux, les propositions d'engagement et d'action ont trait à quatre volets distincts.

Le premier volet comprend trois blocs de discussion liés à l'amélioration des conditions propres au *contexte général canadien et québécois* :

Bloc 1   Mesures générales de collaboration et de concertation entre les agents

Bloc 2   Législation et réglementation générales face à la compétitivité des entreprises

Bloc 3   Législation fiscale et compétitivité des entreprises

Le deuxième volet comprend deux blocs de discussion liés aux mesures à prendre touchant le *contexte international* :

Bloc 4   Accords du GATT

Bloc 5   Libre-échange et relations avec les États-Unis

Le troisième volet comprend un seul bloc de discussion concernant les mesures à prendre pour améliorer le *financement des exportations* :

Bloc 6   Amélioration du financement des exportations

Le quatième et dernier volet comprend sept blocs de discussion ayant trait à l'adoption de moyens visant le *développement de nouveaux marchés* :

Bloc 7   Intensification de la présence du Québec à l'étranger

Bloc 8   Implantation de nouvelles structures à caractère international

Bloc 9   Développement des marchés sectoriels

Bloc 10   Amélioration des services de soutien liés à la formation et à l'information

Bloc 11   Amélioration des services de soutien liés à la recherche et au développement

Bloc 12   Amélioration des services de soutien liés à l'aide technique et financière

Bloc 13   Mesures particulières

BLOC 1 Mesures générales de collaboration et de concertation entre les agents

Ce premier bloc de discussion concernant les échanges économiques internationaux comprend cinq (5) propositions orientées vers une meilleure collaboration entre les agents privés et gouvernementaux, tant fédéraux que provinciaux.

A) *Résumé des propositions*

Pour mener à bien une politique d'exportation vigoureuse, l'accès à l'information est primordial. Il s'avère important que tous les intervenants, privés et publics, soient associés au processus de formulation des politiques, y compris les instances locales. En ce sens, l'Union des municipalités du Québec (UMQ) et l'Union des municipalités régionales de comtés du Québec (UMRCQ) proposent des mécanismes de consultation des intervenants sans toutefois les préciser tandis que la Fédération des travailleurs du Québec (FTQ) suggère un conseil permanent à l'exportation. L'information et l'évaluation sont également des mesures importantes et des programmes devront être élaborés à cet égard (Maison régionale de l'industrie de l'Estrie).

Pour l'Association des manufacturiers canadiens — section Québec (AMC-Q), la concertation entre intervenants gouvernementaux (fédéraux et provinciaux) est également vue comme une condition essentielle de réussite, d'où la recherche d'une meilleure coordination des actions des missions commerciales à l'étranger et des délégués commerciaux du Québec et du Canada. De plus, le Québec doit établir des liens plus étroits avec la Commission canadienne pour l'expansion du commerce extérieur.

B) *Résultat des délibérations*

L'ensemble des participants s'entendent sur la nécessité et même l'urgence d'établir un mécanisme formel pour assurer une coopération efficace entre les agents socio-économiques québécois dans le domaine du commerce international. Plus précisément, ils s'entendent sur la création d'un conseil permanent à l'exportation tel que le suggérait la FTQ. Compte tenu de cette urgence, il est convenu de procéder d'abord à l'établissement d'un comité consultatif au ministre du Commerce extérieur, comité qui pourrait éventuellement se transformer en sous-comité permanent du futur Conseil des relations internationales du Québec et pourra ainsi devenir un des lieux privilégiés où se poursuivront les discussions sur les grands thèmes reliés à l'exportation.

Le monde municipal demande à être associé à cet organisme où se discutera l'élaboration de politiques d'exportation de façon à ce que les gouvernements locaux soient bien intégrés au processus d'élaboration dès le départ. Des intervenants du monde des affaires insistent par ailleurs pour que le gouvernement fédéral et le gouvernement du Québec collaborent davantage en ce domaine pour assurer une pénétration plus efficace des marchés étrangers.

BLOC 2 Législation et réglementation générales face à la compétitivité des entreprises

Ce deuxième volet de discussion comprend cinq (5) propositions ayant trait principalement à l'examen des politiques gouvernementales (législation et réglementation) sur la compétitivité des entreprises québécoises face aux marchés internationaux.

A) *Résumé des propositions*

Les propositions de la Chambre de commerce de la province de Québec (CCPQ), de l'Association des mines et métaux du Québec (AMMQ) et de l'Association canadienne des exportations (ACE) ont trait à un réexamen systématique des politiques gouvernementales en fonction d'une meilleure concurrentialité des entreprises. À cet égard, la CCPQ propose l'instauration au Québec et au niveau fédéral d'un mécanisme qui fasse en sorte que toute nouvelle loi et toute nouvelle réglementation en plus d'être l'objet d'une analyse coûts-avantages subisse également un « test de compétitivité », c'est-à-dire une évaluation des effets de l'application de cette loi ou réglementation en terme de coûts additionnels ou d'entraves nouvelles susceptibles de diminuer la compétitivité internationale des entreprises. Par la suite, l'on pourrait entreprendre une analyse similaire des lois et règlements existants. Pour l'AMQ, cet examen devrait toucher notamment les programmes sociaux, le transport routier et maritime.

De son côté, la Confédération des syndicats nationaux (CSN) demande une législation québécoise pour l'enregistrement obligatoire des mandats, brevets, conventions touchant les entreprises sur le territoire québécois.

B) *Résultat des délibérations*

De profondes divergences de vue apparaissent entre les participants sur la question de l'institutionnalisation d'un test de compétitivité. Aucun accord de principe n'est possible sur cette question. Cependant, cette question pourra vraisemblablement être reprise dans le contexte plus général des travaux du comité permanent à l'exportation (bloc de discussion précédent).

Par ailleurs, dans les analyses coûts-bénéfices que le gouvernement effectue présentement avant l'implantation de nouvelles mesures législatives et réglementaires, le ministère du Commerce extérieur, en tant que responsable du dossier des exportations du Québec se propose d'accroître l'importance relative des considérations d'ordre international. Il veillera soit au CMPDE, soit au Conseil des ministres à ce que l'ensemble du gouvernement soit soucieux de cette préoccupation.

Quant à la proposition de la CSN d'une législation pour obliger toutes les entreprises à enregistrer au Québec tous leurs mandats, brevets, conventions et licences, des divergences profondes entre les participants apparaissent ici également qui rendent impossible tout accord de principe sur cette question.

Cependant, à la suggestion du ministre du Commerce extérieur du Québec, les différents participants se rallient à la proposition d'une étude entreprise par le MCE soit à l'interne soit en sous-traitance au secteur privé pour mesurer l'ampleur du phénomène des mandats restreints confiés, par leur société-mère, à des entreprises qui ont une place d'affaires au Québec.

BLOC 3   Législation fiscale et compétitivité des entreprises

Ce troisième bloc de discussion comprend deux (2) propositions visant à rechercher une plus grande efficacité de la législation fiscale québécoise dans le but d'améliorer la compétitivité des entreprises sur les marchés extérieurs.

A)   *Résumé des propositions*

L'Association canadienne des exportations (ACE) et l'Association des ingénieurs-conseils du Québec (AICQ) souhaitent une révision du système fiscal : en ce qui a trait à l'imposition des revenus des entreprises, on demande que la ponction fiscale se fasse au moment du paiement plutôt qu'au moment de la livraison des biens ou des services ; on demande également des déductions ou exonérations supplémentaires pour les employés québécois travaillant à l'étranger.

De plus, l'on demande que le gouvernement du Québec réalise une étude pour établir les mesures à prendre dans le domaine des régimes fiscaux et para-fiscaux auxquels sont soumises les firmes exportatrices au Québec en vue de contribuer à l'amélioration de la compétitivité de l'offre québécoise à l'exportation.

B)   *Résultat des délibérations*

À la suggestion du ministère des Finances du Québec, les participants s'entendent pour que le gouvernement du Québec confie à une firme une étude comparative du régime fiscal des entreprises du Québec par rapport à celui des autres pays. La CSN ne s'objecte pas à ce que la question de la fiscalité des corporations soit réexaminée, mais expose de sérieuses réserves à ce que cette étude soit effectuée sur la base de ce qui est demandé par les associations patronales.

BLOC 4   Accords du GATT

Ce quatrième volet de discussion comprend quatre (4) propositions concernant les négociations du GATT et sur les positions et moyens que le Québec devrait adopter en regard de ces accords.

A)   *Résumé des propositions*

Des interventions de deux types sont demandées. Premièrement l'Association des manufacturiers canadiens (AMCQ) propose que le gouvernement du Québec conjointement avec le gouvernement du Canada tente lors des prochaines négociations du GATT de faire inclure dans les ententes les produits qui se trouvent encore exclus, de façon à permettre à nos manufacturiers de s'assurer d'un plus grand succès sur les marchés de l'extérieur. Le gouvernement du Québec doit s'assurer que le gouvernement fédéral applique avec rigueur la Loi sur les mesures spéciales d'importation qui sera en vigueur à compter du 13 novembre prochain.

Deuxièmement, la CSD, la CSN et l'Association canadienne des courtiers en douane (ACCD), voudraient que le gouvernement du Québec assiste les groupes socio-économiques afin qu'ils participent à l'analyse de l'impact de ces nouveaux accords sur la production et sur les entreprises au Québec. La CSD propose de se pencher sur des nouvelles approches afin de dynamiser les exportations par une meilleure productivité (gestion participative, concertation en milieu de travail). Quant à la CSN, elle demande que des études soient rendues publiques au sujet de l'impact sur les différents secteurs économiques et sur l'emploi qu'auront la disparition ou la réduction des barrières tarifaires.

B) *Résultat des délibérations*

Sur le problème de la participation du Québec aux négociations commerciales et multilatérales qui se tiennent dans le cadre du GATT, les participants sont d'accord pour qu'il y ait une plus grande collaboration et consultation entre les deux niveaux de gouvernement pour établir les priorités lors des négociations à venir. De plus, il a été reconnu que le Québec devrait prendre une part beaucoup plus active dans le processus de négociation de ces accords.

Le gouvernement du Québec, pour sa part, s'est engagé à rendre public certaines études actuellement en cours au sein de son administration touchant l'impact d'une libéralisation accrue des échanges économiques. Des consultations seront menées auprès des principaux agents à cet effet avant qu'une position gouverne-mentale définitive ne soit établie. En ce qui concerne la proposition de la CSD concernant l'adoption dans les entreprises de nouvelles approches afin de dyna-miser les exportations (gestion participative, etc.), plusieurs participants souli-gnent que le présent sommet n'est pas le forum idéal pour débattre de cette question. L'Institut national de productivité (INP) serait un lieu de discussion beaucoup plus approprié.

BLOC 5 Libre-échange et relations avec les États-Unis

Ce cinquième bloc de discussion comprend quatre (4) propositions ayant trait au problème de la libéralisation des échanges avec les États-Unis.

A) *Résumé des propositions*

L'Association canadienne des courtiers en douane (ACCD) et la CSN demandent que des études appropriées soient faites pour évaluer l'impact de la libéralisation des échanges commerciaux avec les États-Unis sur les PME québécoises. Ces études devraient se faire avec la collaboration des principaux partenaires et l'impact sur le volume d'emploi au Québec devra être examiné avec attention.

L'Association des manufacturiers canadiens — section Québec (AMC-Q) souligne la nécessaire concertation à établir entre les intervenants : consensus entre tous les agents privés, les provinces et le Fédéral afin d'exploiter les mécanismes appropriés permettant aux entreprises de s'assurer une plus grande part du marché, notamment examiner les politiques commerciales et industrielles secteur par secteur. Dans le même sens, selon l'Association canadienne des exportations (ACE), il faut que le Québec développe une meilleure collaboration avec le gouver-nement canadien pour réaliser cette pénétration des entreprises québécoises sur le marché américain.

B) *Résultat des délibérations*

Les participants s'entendent sur la nécessité d'appuyer les démarches en vue d'une libéralisation des échanges avec les États-Unis à partir d'études sérieuses d'impact sur les entreprises et sur les secteurs industriels. Ils reconnaissent également la nécessité d'une consultation de tous les intervenants avant de finaliser les positions gouvernementales. Par ailleurs, le ministère du Commerce extérieur souligne l'urgence de formaliser des mécanismes permanents et institutionnels entre le Canada et les États-Unis afin de faciliter l'accès au marché américain pour les entreprises québécoises et canadiennes.

BLOC 6   Amélioration du financement des exportations

Ce sixième bloc de discussion comprend cinq (5) propositions concernant l'adoption de moyens visant à améliorer les programmes de financement à l'exportation.

A) *Résumé des propositions*

L'Association des ingénieurs-conseils du Québec (AICQ) propose que le gouvernement trouve un mécanisme pour financer les activités des consortiums et ainsi favoriser leur formation. Selon l'Association canadienne des exportations (ACE), même s'il existe certains programmes incitatifs gouvernementaux en vue de favoriser la formation de consortiums, l'on demande que le gouvernement adopte des mesures visant à solutionner le problème du financement intérimaire. L'Association des manufacturiers canadiens — section Québec (AMCQ) souhaite que la Société de développement industriel (SDI) élabore de nouveaux mécanismes visant à compléter ceux du gouvernement fédéral (notamment de la Société d'expansion et d'exportation) dans le domaine du financement des exportations. L'ACE propose que les gouvernements du Québec et du Canada réévaluent leurs instruments financiers d'aide à l'exportation et recommande l'établissement d'un centre de technicité bancaire au Québec. Quant à l'Association canadienne des courtiers en valeurs mobilières (ACCVM), elle suggère d'ajouter un supplément de déductions au REA pour des titres des sociétés émettrices qui dirigent une portion importante de leur production vers les marchés étrangers.

B) *Résultat des délibérations*

Un consensus s'établit entre les participants pour veiller constamment à améliorer les programmes gouvernementaux d'assistance à l'exportation afin de les maintenir concurrentiels avec ceux des autres pays. Toutefois la proposition visant à modifier le REA pour favoriser davantage les entreprises exportatrices à été rejetée par les participants, parce que trop complexe et injuste pour les autres entreprises. Le ministère des Finances du Québec se dit par contre disposé à envisager d'autres mesures pour favoriser la capitalisation des entreprises exportatrices.

En ce qui concerne le projet de centre de formation en technicité bancaire, il sera étudié par le gouvernement du Québec, d'autant plus qu'il s'intègre au projet de centre bancaire international à Montréal auquel le gouvernement a déjà donné son accord. Quant aux autres propositions de ce bloc, elles n'ont pu être discutées.

BLOC 7   Intensification de la présence du Québec à l'étranger

Ce septième bloc de discussion comprend dix (10) propositions. Six d'entre elles ont trait principalement à un élargissement des missions commerciales du Québec à l'étranger, les quatre dernières concernent plutôt la reconnaissance de l'importance des promoteurs privés liés au domaine de l'exportation.

A) *Résumé des propositions*

En ce qui regarde la première catégorie de propositions, la plupart visent à diversifier davantage la composition des missions commerciales à l'étranger ; ainsi les missions devraient inclure des représentants du mouvement syndical (FTQ) ; des représentants de l'Association des commissaires industriels du Québec (ACIQ) ; des représentants des collectivités locales et régionales selon l'Union des municipalités régionales de comté du Québec (UMRCQ) et des représentants de PME québécoises selon le Bureau de commerce de Montréal (BCM).

Le BCM propose par ailleurs que la durée d'affectation des délégués commerciaux et des conseillers économiques en poste à l'étranger soit plus longue de quatre ou cinq ans et que les liens entre les groupes particuliers impliqués par le commerce international et ces délégués commerciaux soient plus étroits lorsqu'ils sont de retour au pays. Le MCE pour sa part se propose d'intensifier la prospection de nouveaux investissements pour l'économie du Québec en renforçant son réseau extérieur par l'affectation de cinq conseillers économiques additionnels.

Quant au rôle des promoteurs privés liés au domaine de l'exportation, l'Association canadienne des courtiers en douanes (ACCD) demande au MCE qu'il valorise davantage auprès des exportateurs le rôle des courtiers en douanes et transitaires dans les échanges internationaux. Pour sa part, l'AMCQ demande au gouvernement qu'il sensibilise davantage les manufacturiers québécois au support que les firmes d'ingénieurs-conseils et les sociétés de commerce peuvent leur apporter à l'exportation.

B) *Résultat des délibérations*

Un consensus se dégage entre les participants pour reconnaître la présence occasionnelle de représentants syndicaux sur les missions d'information ou des missions où ils sont en mesure d'apporter une contribution. Quant à la présence de représentants locaux ou régionaux sur ces missions, beaucoup de réserves ont été exprimées sur l'utilité et l'efficacité d'une telle présence.

Par ailleurs, les participants prennent acte de la politique du MCE, d'une part quant à la durée des mandats des conseillers économiques en poste qui peuvent être prolongés lorsque la situation familiale et professionnelle de l'individu en cause le permet et que le poste ne pose pas de difficultés particulières, et d'autre part de l'intention du MCE d'accentuer ses efforts de prospection d'investissements étrangers.

En ce qui a trait à la sensibilisation des manufacturiers au support que peuvent leur apporter les firmes-conseils et les sociétés de commerce, il est convenu que les gouvernements et les différentes organisations du secteur privé ont un rôle complémentaire à jouer et qu'ils doivent l'exercer en concertation pour aider les PME à atteindre le marché international (par l'organisation de colloques, une meilleure circulation de l'information, etc.).

71

BLOC 8 Institutionnalisation de nouveaux outils à caractère international

Ce huitième bloc de discussion comprend cinq (5) propositions dont deux concernent l'institutionnalisation d'une clause d'arbitrage au Québec pour résoudre les différends internationaux en matière de commerce et dont trois ont trait à l'implantation de nouvelles structures internationales au Québec.

A) *Résumé des propositions*

Pour régler les différents commerciaux internationaux, la Chambre de commerce de la Province de Québec (CCPQ) propose que la clause d'arbitrage de la Chambre de commerce internationale (CCI) soit incluse dans tous les contrats d'achat ou de vente de biens ou services.

Pour sa part, le Centre de commerce mondial de Montréal (CCMM) propose d'entreprendre une étude pour établir un système d'arbitrage des litiges commerciaux au Québec en vue de l'établissement d'un système crédible reposant sur une institution permanente, en l'occurence le CCMM.

De plus le CCMM propose l'implantation de trois structures nouvelles à caractère international :

a) Des centres bancaires internationaux (CBI)

Afin de créer des CBI, il est proposé que soient exemptées d'impôt direct et indirect les recettes de banques canadiennes provenant des prêts et des dépôts en devises étrangères détenus par des non résidents ou de leurs opérations de change lorsque ces transactions seront effectuées à Montréal. Le fait de soustraire ces activités aux régimes fiscaux canadien et québécois aura pour conséquence le rapatriement au Canada (et à Montréal, plus précisément) d'une grande partie des transactions en devises étrangères menées à l'étranger avec des non résidents par les banques à charte canadiennes.

b) Des missions mondiales au Québec

À la lumière des résultats de l'expérience pilote auprès de 10 entreprises, le gouvernement de concert avec le CCMM et les autres partenaires, devrait examiner plus attentivement la possibilité de muscler davantage le traitement préférentiel d'achat à la mission mondiale et se fixer comme objectif de recruter, au cours de la prochaine année, au moins cinquante (50) nouvelles missions mondiales au Québec.

c) Un centre de communications par satellites

Dans la perspective de maintenir et de renforcer le caractère concurrentiel international de Montréal, le CCMM propose que soit constitué un groupe de travail composé de représentants du gouvernement du Québec, de la Ville de Montréal, de la Communauté urbaine de Montréal, des entreprises de communications de la région de Montréal et du Centre de commerce mondial de Montréal afin que soit examinée la possibilité d'instaurer à Montréal un Centre de communications par satellites sur le modèle de ce qui se fait dans les autres grandes villes concurrentes à Montréal, notamment New York, Chicago et Washington.

B) *Résultat des délibérations*

Parce qu'elles sont complémentaires, l'ensemble des intervenants impliqués donnent leur accord aux deux propositions provenant de la CCPQ et du CCMM quant au règlement de différents commerciaux internationaux. Sur le premier aspect, à savoir l'inclusion de la claude d'arbitrage de la CCI dans les contrats internationaux signés par les entreprises québécoises, le gouvernement s'assurera que le code de procédures civiles soit compatible avec les mécanismes d'arbitrage ; sur le deuxième aspect, il s'engage à réaliser à même ses effectifs une étude visant à inventorier les mécanismes d'arbitrage reconnus à ce jour dans le but de doter éventuellement Montréal d'une expertise pouvant être sectorielle au niveau de l'arbitrage international.

Sur la question de la création d'un Centre bancaire à Montréal, le Québec s'engage de nouveau à abolir l'impôt (5,5 %) sur les recettes des banques canadiennes provenant des transactions réalisées par des non-résidents à la condition que le gouvernement fédéral en fasse autant (36%). Pour sa part, le gouvernement canadien informe les participants qu'il déposera en janvier une étude touchant la création de centres bancaires internationaux. Il prend bonne note de l'invitation qui lui est faite par le gouvernement du Québec de réduire les impôts sur les transactions réalisées par des non-résidents. Cette proposition sera transmise au ministre des Finances du Canada. Par ailleurs, le CCMM invite les intervenants québécois impliqués par cette question à commencer, d'une manière urgente, à réflechir à une stratégie de mise en oeuvre d'une telle proposition.

En ce qui a trait aux mandats mondiaux, le gouvernement n'est pas en mesure de publier les résultats de l'enquête menée auprès des 10 entreprises ayant des mandats mondiaux pour des raisons évidentes de confidentialité. Toutefois, il se dit favorable à la proposition du CCMM à l'effet de revoir certains aspects de sa politique d'achat à l'égard des entreprises ayant des missions mondiales dans le sens souhaité par le CCMM.

Finalement, en ce qui concerne l'implantation d'un Centre de communications par satellite (système Téléport) à Montréal, les intervenants privés impliqués se disent très intéressés à examiner plus en profondeur ce projet et le ministère des Communications du Québec, pour sa part, se dit disposé à mettre son expertise à la disposition des groupes intéressés.

BLOC 9   Développement de marchés sectoriels

Ce neuvième bloc de discussion comprend huit (8) propositions concernant l'adoption de moyens visant le développement du secteur culturel (2 propositions), du secteur agro-alimentaire (1 proposition) et du secteur des communications (5 propositions).

A) *Résumé des propositions*

    a) Le secteur culturel

La Table de la culture et des loisirs (TCL) d'une part, demande un accroissement des ressources humaines et financières favorisant les PME culturelles et un assouplissement des conditions trop contraignantes des programmes actuels ; et d'autre part elle souhaite que le ministère du Commerce extérieur s'engage dans une stratégie d'exportation des produits de métiers d'art en concertation avec les organismes déjà impliqués et à partir des paramètres définis dans la proposition de la TCL.

b) Le secteur agro-alimentaire

La Coopérative fédérée du Québec (CFQ) demande que les politiques d'aide à l'exportation des produits agricoles et alimentaires du gouvernement du Québec soient harmonisées avec celles du gouvernement du Canada de façon à éviter le dédoublement d'efforts.

c) Le secteur des communications

Le Regroupement des industries de communications (RIC) souhaite que l'entreprise privée soit identifiée comme le principal intervenant dans les actions internationales de nature commerciale et qu'elle puisse compter sur l'appui concerté des divers ordres de gouvernement ; il propose la création d'un groupe mixte de travail pour étudier des mesures d'ordre fiscal afin d'encourager les industries de communications qui oeuvrent sur le marché international ; il demande que le gouvernement du Québec appuie par un programme spécifique les entreprises ne pouvant compétitionner sur les marchés internationaux ; il propose de susciter la mise en place de rencontres de travail entre les entreprises québécoises et étrangères de radio-télévision afin d'évaluer les mécanismes pratiques pouvant conduire à des ententes de co-productions entre lesdites entreprises ; finalement, le gouvernement du Québec devrait favoriser par tous les moyens possibles le développement de cette industrie particulière.

B) *Résultat des délibérations*

Dans le secteur culturel, le MCE s'engage auprès des PME culturelles à revoir ou à développer de nouveaux programmes pour leur permettre un meilleur accès aux programmes du ministère. D'une façon plus particulière, le MCE se dit disposé à aider SOMART Ltée à l'intérieur des programmes existants, et au besoin à les réajuster, dans la mesure où SOMART peut être considéré comme un consortium ou un agent exportateur dûment mandaté par les firmes québécoises de ce secteur.

Dans le secteur agro-alimentaire, les intervenants impliqués reconnaissent l'importance d'assurer une meilleure concertation entre les deux niveaux de gouvernement et manifestent leur volonté d'accentuer cette collaboration dans le sens de la proposition.

Dans le secteur des communications, les participants impliqués conviennent de créer un comité sur les industries de communication réunissant les instances gouvernementales et le secteur privé visant à analyser les problèmes auxquels font face les entreprises de ce secteur en matière d'exportation, à l'exclusion du domaine des logiciels qui est actuellement à l'étude dans le cadre de la Conférence sur l'électronique et l'informatique.

BLOC 10 Développement des services de soutien liés à l'information et la formation à l'exportation

Ce dixième bloc de discussion comprend trois (3) propositions liées à l'information en matière d'exportation et sept (7) propositions concernant la formation à l'exportation.

A) *Résumé des propositions*

Sur la question de l'information, l'Association des manufacturiers canadiens-Québec (AMC-Q) propose que les délégués commerciaux à l'étranger informent d'une manière systématique les entrepreneurs québécois des possibilités d'exportation. L'AMC-Q propose en ce sens de se servir de sa banque de données sur les entreprises. Quant à l'Association canadienne des exportations (ACE), elle propose une meilleure collaboration entre les deux niveaux de gouvernement et les organismes privés en cette matière. En réponse à ces propositions, le MCE met de l'avant l'idée d'un mode de travail souple avec le gouvernement fédéral pour acheminer aux personnes intéressées les informations de nature commerciale.

Sur la question de la formation à l'exportation, la Centrale des syndicats démocratiques (CSD) souligne la nécessité d'organiser des sessions de formation et d'information pour les travailleurs sur les enjeux du commerce international. Dans le même sens, l'Association des commissaires industriels du Québec (ACIQ) propose un programme détaillé de formation sur l'exportation pour le bénéfice des commissaires industriels oeuvrant sur le territoire québécois. La Maison régionale de l'Industrie de l'Estrie propose que le gouvernement du Québec élabore une politique et un programme précis d'aide à la création de cercles d'exportateurs manufacturiers dans toutes les régions du Québec. L'AMC et le Regroupement des industries de communication (RIC) demandent au gouvernement de continuer à appuyer les efforts de formation initiés par le secteur privé. Le MCE pour sa part propose d'offrir des stages de perfectionnement à l'étranger aux employés des entreprises québécoises dans le secteur des courtiers en douanes afin de développer la qualité de leur expertise ; il propose également de stimuler le développement des entreprises existantes et en créer de nouvelles pouvant offrir des services de qualité de transit international à la PME québécoise.

B) *Résultat des délibérations*

En principe, les participants impliqués reconnaissent l'importance d'améliorer la circulation de l'information. Toutefois, des divergences apparaissent au niveau des modalités d'application et de gestion de cette information. L'AMC recommande que la gestion de l'information lui soit confiée et qu'elle s'inscrive à l'intérieur de sa banque canadienne de données sur les entreprises manufacturières. Pour sa part, le MCE indique qu'il préfère que la gestion de l'information demeure au MCE et convient avec les représentants de l'AMC de discuter, dans un autre forum, les modalités d'application de cette gestion. Le MCE informe par ailleurs les participants que, dès 1985, les délégations du Québec auront accès à la banque d'informations industrielles du CRIQ qui contient des informations sur 10,000 établissements manufacturiers établis au Québec.

En ce qui concerne les demandes d'aide à la formation provenant de la CSD, le ministère de l'Éducation du Québec (MEQ) se dit disposé, par le biais de son Service sur les moyens d'enseignement, à coopérer avec la CSD pour structurer ces cours et atteindre les objectifs fixés. L'Institut de productivité du textile et le MCE se disent également disposés, dans leurs domaines respectifs, à apporter leur contribution en ce domaine (soit fournir des outils pédagogiques, soit fournir de l'information spécialisée).

En ce qui a trait aux demandes de formation pour les commissaires industriels, le MCE a mis au point une nouvelle formule condensée en trois jours (8 heures) de cours de techniques administratives à l'exportation qui leur sera offerte dès qu'ils en feront la demande. L'Association des banquiers canadiens (ABC) souligne qu'il lui serait possible de souscrire à ce genre de cours en fournissant certaines personnes-ressources comme le demande l'ACIQ, mais souligne que la SDI, la SEE, les grandes firmes d'ingénieurs-conseils, etc. pourraient très bien également fournir cette expertise recherchée.

Sur la question des Clubs d'exportateurs, le MCE se dit disposé à encourager ce genre de regroupement, mais dans les limites très serrées de son budget. Toutefois, le MCE se dit prêt à offrir à l'ensemble des intervenants intéressés la documentation technique nécessaire et les services-conseils du MCE pour leur permettre de se doter de tels clubs. Finalement, le MCE s'engage à mettre en oeuvre des stages de perfectionnement à l'étranger à l'intention des transitaires, dans le sens de la proposition inscrite dans le Cahier des propositions.

BLOC 11 Développement des services de soutien liés à la recherche et au développement

Ce onzième bloc de discussion comprend six (6) propositions concernant l'adoption de moyens visant à développer la recherche et l'éducation en matière de commerce international.

A) *Résumé des propositions*

L'Association des directeurs de recherche industrielle du Québec (ADRIQ) propose que le gouvernement du Québec accentue la formation de consortiums pour l'exportation du savoir-faire québécois (consentir des prêts sans intérêt, octroyer des crédits gouvernementaux aux centres de recherches publics, aux écoles d'ingénieurs, etc.).

Un peu dans le même esprit, l'AMC-Q propose que le Québec assouplisse les mesures touchant l'aide pour la recherche et le développement et pour l'utilisation de la technologie nouvelle, de façon à accélérer les mécanismes actuels trop longs et trop complexes pour nos entreprises exportatrices devant agir rapidement pour s'adapter aux besoins des marchés étrangers.

Pour sa part le Bureau de commerce de Montréal (BCM) propose que les milieux d'affaires et universitaires se penchent sur les modalités qui pourraient être mises de l'avant pour établir des programmes incitatifs visant à ce que les étudiants d'universités désireux d'oeuvrer dans le secteur du commerce international aient accès au programme AISEC et visant à encourager les échanges quotidiens entre le personnel de l'université et celui oeuvrant dans le domaine du commerce international.

Le ministère de la Science et de la Technologie propose l'établissement d'un programme gouvernemental d'analyse stratégique ayant les objectifs de discerner les traits essentiels de l'évolution qui résulte notamment des changements technologiques, de mettre en lumière la situation des secteurs d'activité québécois dans ce contexte mondial évolutif, de caractériser les marges de manoeuvre qui s'offrent au Québec en tant que société distincte et de contribuer à la définition de cibles assez précises pour des actions concrètes visant des transferts technologiques favorables.

Finalement, le MCE propose deux programmes, le premier COMEX-50 visant à compléter la formation de 25 nouveaux diplômés universitaires par an en leur offrant des stages pratiques au sein de la PME (425 000 $) ; le deuxième JEUNE-EXPORT qui vise à soutenir financièrement la création d'entreprises étudiantes associées aux diverses universités québécoises (200 000 $).

B) *Résultat des délibérations*

Sur la question de l'aide gouvernementale à la formation de consortiums pour l'exportation du savoir-faire, le MCE souligne que les demandes proposées peuvent être traitées à l'intérieur des programmes actuels du ministère (notamment le programme APEX).

Afin de favoriser un rapprochement accru entre les milieux universitaires et le monde des affaires, le MCE mettra sur pied les programmes COMEX et JEUNE-EXPORT qui visent à compléter la formation de diplômés universitaires par des stages pratiques en entreprise et à créer des entreprises étudiantes dans le but de dispenser des services-conseils en exportation aux PME québécoises. La Conférence des recteurs et des principaux des universités du Québec (CREPUQ) et la Fédération des cégeps se disent disposées à s'associer au milieu des affaires pour chercher à développer des liens accrus entre les deux milieux.

En ce qui a trait à la proposition du ministère de la Science et de la Technologie (MST), les participants conviennent qu'elle relève plutôt des opérations internes de ce ministère que d'une concertation entre les agents socio-économiques.

BLOC 12 Développement de services de soutien liés à l'aide technique et financière

Ce douzième bloc de discussion comprend sept (7) propositions qui concernent soit des programmes d'aide financière, soit des programmes de support technique pour favoriser les regroupements sectoriels d'entreprises.

A) *Résumé des propositions*

Compte tenu de l'importance des activités de troc qui représentent plus de 20% des ventes internationales, le Centre de commerce mondial de Montréal (CCMM) propose que soient systématiquement recensées les compétences en matière de troc et de voir à la possibilité de loger à une même adresse la connaissance de ces compétences.

L'Association canadienne des exportations (ACE) propose en priorité une augmentation des allocations budgétaires au programme APEX afin de permettre le regroupement des firmes en vue de l'établissement de postes communs à l'étranger. Un peu dans le même sens le Regroupement des industries de communications (RIC) propose de favoriser par tous les moyens le regroupement et la mise en commun des ressources et du savoir-faire québécois en vue de percer les grands marchés mondiaux.

En réponse à ces demandes, le MCE propose, premièrement, la création d'un programme de création d'emplois permanents pour l'intégration en entreprise de 50 nouveaux diplômés universitaires sur une période de deux ans ; deuxièmement, le développement de stratégies publicitaires visant à faire connaître et à promouvoir sur les marchés extérieurs les produits et services du Québec à fort potentiel d'exportation ; troisièmement, de favoriser des regroupements sectoriels qui visent à mettre en oeuvre des stratégies d'exportation.

B) *Résultat des délibérations*

Les participants impliqués se sont dits d'accord pour reconnaître l'importance relative du commerce de contrepartie, le rôle stratégique que le gouvernement peut y jouer et la nécessité de trouver les formules les plus appropriées afin de répondre aux exigences de cette forme de commerce.

Ils ont également manifesté leur accord quant à l'admissibilité récente des consortiums ou autres regroupements au programme APEX du MCE et ont souscrit unanimement au programme NOVEX-50 qui est destiné à créer des emplois permanents en entreprise pour des gradués universitaires.

Ils ont également donné leur accord quant à la volonté du MCE d'apporter une attention plus particulière à la mise au point de stratégies de communication et reconnu l'intérêt d'accroître les regroupements sectoriels en vue de l'exportation.

BLOC 13 Adoption de mesures particulières

Ce dernier bloc du secteur des échanges économiques internationaux comprend trois (3) propositions particulières.

A) *Résumé des propositions*

Afin de protéger les intérêts des PME du Québec en ce qui concerne le transport maritime, l'Association canadienne des courtiers en douanes (ACCD-Québec) propose la formation d'un groupe de travail ad hoc qui regrouperait avec le MCE et le ministère des Transports les intervenants impliqués dans le commerce international afin d'examiner les termes de la loi dérogatoire qui doit de nouveau être sanctionnée avant le 31 mars 1985.

En ce qui concerne la question de la concentration du dédouanement des petits colis en Ontario, l'ACCD-Q. propose la formation avec le ministère des Transports d'un comité ad hoc qui examinerait les possibilités de modifier le système actuel et elle offre son expertise afin de participer à cette recherche.

Finalement, le Congrès national des Italo-canadiens (CNIC) demande que la SAQ permette le développement de l'importation et de la distribution de vins en provenance d'Italie par des particuliers, car ceci favoriserait la diversité et la quantité de vins importés, favoriserait la concurrence et entraînerait, au bout de la ligne, une réduction des prix au consommateur.

B) *Résultat des délibérations*

Pour ce qui est de la formation de groupes de travail ad hoc respectivement sur la loi dérogatoire sur les transports et sur les possibilités de modifier le système actuel d'importation des petits colis en provenance des États-Unis, le ministère des Transports offre son entière collaboration comme organisme-ressource afin de s'associer pleinement aux travaux de ces deux groupes de travail. Sur le deuxième comité, le ministère des Transports informe les participants que la direction du transport roulant des marchandises participera à ce comité par l'intermédiaire d'un de ses professionnels.

Enfin, en ce qui a trait à l'importation de vins en provenance d'Italie, le gouvernement n'est aucunement prêt à modifier la politique actuelle de la commercialisation des vins. Aucun accord n'est enregistré sur cette dernière question.

L'IMMIGRATION

Dans le domaine de l'immigration, les propositions d'engagement et d'action se regroupent selon quatre (4) volets distincts.

Le premier volet comprend trois blocs de discussion concernant les *orientations politiques, les réglementations et les pratiques en matière d'immigration* :

Bloc 1   Orientations générales en immigration

Bloc 2   Orientations plus spécifiques en immigration

Bloc 3   Politique d'information à l'étranger pour les futurs immigrants

Le deuxième volet comprend deux blocs de discussion liés aux moyens d'accroître la *mobilité des personnes*, principalement en recherche et en éducation :

Bloc 4   Accentuation de la mobilité des chercheurs et des scientifiques étrangers

Bloc 5   Accentuation de la mobilité des étudiants étrangers

Le troisième volet comprend trois blocs de discussion liés aux *mesures d'accueil, d'adaptation et d'intégration des immigrants à la société québécoise* :

Bloc 6   Mesures générales d'accueil et d'intégration

Bloc 7   Lutte contre le racisme

Bloc 8   Mesures d'accueil et d'intégration plus spécifiques

Le quatrième et dernier volet comprend un seul bloc de discussion concernant la *promotion des communautés culturelles* établies au Québec :

Bloc 9   Promotion des communautés culturelles

BLOC 1   Orientations générales en immigration

Ce premier bloc de discussion concernant les orientations générales à privilégier en matière d'immigration comprend cinq (5) propositions.

A) *Résumé des propositions*

La Table de concertation pour les réfugiés (TCR) propose la création d'un conseil des communautés culturelles et de l'immigration en vue de conseiller le ministre dans ses choix concernant l'élaboration des politiques d'immigration et en vue de permettre aux communautés culturelles de faire connaître leur avis sur les politiques du gouvernement à leur égard.

La Chambre de commerce de la province de Québec (CCPQ) propose l'élaboration d'une politique d'immigration qui soit à la mesure de nos besoins et de nos moyens en développant certaines caractéristiques que devaient avoir ces politiques (n'admettre que des immigrants avec emploi ou autonomes, ou pris en charge par un parent ; acceptation de réfugiés en détresse ; favoriser la venue d'immigrants investisseurs).

L'Association des ingénieurs-conseils du Québec (AICQ) demande que l'application des règlements régissant l'immigration soit effectuée avec discernement pour préserver leur position concurrentielle.

Pour sa part, le ministère des Communautés culturelles et de l'Immigration (MCCI) propose la mise en place d'un mécanisme de consultation annuel et systématique de ses partenaires pour déterminer les niveaux souhaitables d'immigration. Il propose de plus la mise en place d'une banque de projets pour imigrants investisseurs qui permettrait de mettre en relation les investisseurs immigrants et des projets d'investissements déjà identifiés. Cette banque serait autonome au plan de son fonctionnement.

B) *Résultat des délibérations*

Un consensus est obtenu sur le principe du projet de loi actuellement à l'étude à l'Assemblée nationale et portant sur la création d'un Conseil des communautés culturelles et de l'immigration répondant ainsi à un important besoin de consultation et partagé par un très grand nombre de participants. De même un consensus s'est dégagé quant à la proposition du MCCI à l'effet que la détermination des niveaux d'immigration soit établie sur une base annuelle à la suite d'une consultation systématique des divers intervenants.

Des désaccords profonds sont exprimés par un grand nombre de participants sur la proposition de la Chambre de commerce. Les politiques d'immigration ne doivent pas être le seul reflet de considérations économiques, mais doivent au contraire être le reflet des interactions nécessaires entre les objectifs démographiques, humanitaires et économiques. L'ensemble des participants conviennent que les mécanismes mis en place, à savoir le Conseil et la consultation annuelle sur les niveaux d'immigration, permettraient à tous de faire valoir ultérieurement leurs points de vue sur cette question fondamentale.

Un consensus se dégage sur la création d'une banque de projets d'investissements gérée par le secteur privé en vue de faciliter la venue au Québec d'immigrants investisseurs. Le monde des affaires enregistre cependant une réserve quant à sa contribution éventuelle sur ce projet compte tenu que l'on ignore ce qu'il en coûtera au total pour maintenir à jour une telle banque mais il exprime son accord pour participer à un groupe de travail pour examiner plus en profondeur cette question.

BLOC 2   Orientations plus spécifiques en immigration

Ce deuxième bloc de discussion comprend trois (3) propositions ayant trait à l'adoption de mesures plus particulières sur les questions d'orientations en immigration.

A) *Résumé des propositions*

Le Centre de commerce mondial de Montréal (CCMM) propose une nouvelle catégorie d'immigrants reçus et de travailleurs temporaires : « le personnel administratif et technique et les entrepreneurs techniques venant du Nord-Est des États-Unis » dans le but de créer des conditions qui favoriseraient l'établissement de liens étroits entre les entreprises d'ici et les milieux de la nouvelle technologie du Nord-Est des États-Unis.

Le Congrès juif canadien (CJC) demande aux deux niveaux de gouvernement d'élargir la définition et l'interprétation du concept de la famille pour faciliter la réunification des familles.

La CSN demande d'augmenter les ressources pour venir en aide aux réfugiés, en donnant priorité aux régions de l'Amérique centrale ; elle demande également que le Québec ne refuse pas d'admettre les familles de réfugiés dont un ou des membre sont malades.

B) *Résultat des délibérations*

Les participants non gouvernementaux, dans leur ensemble, ont demandé que les deux niveaux de gouvernement s'orientent vers des politiques d'immigration favorisant une plus grande ouverture. Plusieurs ont ainsi vivement souhaité une plus grande mobilité des compétences spécialisées dans le couloir Québec-Nouvelle-Angleterre, au moins sur une base expérimentale ; plusieurs autres ont souhaité une plus grande ouverture à l'égard de la réunification des familles ou à l'égard des réfugiés et autres cas admis pour des considérations humanitaires.

Les gouvernements pour leur part s'opposent à inclure tout critère de discrimination dans leur loi et réglementation et n'envisagent pas d'élargir la catégorie de la famille qui constitue déjà environ 50% du mouvement récent. En ce qui a trait aux efforts concernant l'accueil des réfugiés, le gouvernement du Québec s'engage à poursuivre ses efforts actuels qui représentent près du quart de l'immigration annuelle vers le Québec.

Tous ces aspects feront d'ailleurs l'objet d'études, de discussions et d'échanges au niveau du Conseil des communautés culturelles et de l'immigration et lors des consultations sur les niveaux d'immigration.

BLOC 3   Politique d'information à l'étranger pour les futurs immigrants

Ce troisième bloc comprend deux (2) propositions ayant trait à la nécessité d'informer adéquatement les futurs immigrants.

A) *Résumé des propositions*

Ces deux propositions proviennent du Congrès juif canadien (CJC). D'une part, il recommande que les gouvernements du Québec et du Canada offrent à l'immigrant potentiel l'information au sujet de la communauté culturelle à laquelle il se rattacherait au Québec ou ailleurs au Canada. Les communautés culturelles pourraient participer à la création de cette information.

D'autre part, il propose que les délégations et ambassades invitent des porte-parole des communautés culturelles pour qu'ils informent les immigrants potentiels des différentes possibilités offertes par les communautés.

B) *Résultat des délibérations*

Les participants ont donné un accord aux deux propositions du Congrès juif canadien et plusieurs ont souligné l'importance d'en élargir le sens pour y inclure les renseignements sur tous les secteurs d'activités de la société québécoise (politique, culturel, social, économique, etc.). En vue d'améliorer l'information disponible à l'étranger pour le futur immigrant, le MCCI s'engage à associer les intervenants intéressés sous réserve des contraintes opérationnelles et administratives et se dit prêt à élargir cette information à une meilleure compréhension de la réalité québécoise.

BLOC 4   Accentuation de la mobilité des chercheurs et scientifiques étrangers

Ce quatrième bloc de discussion comprend cinq (5) propositions concernant l'adoption de moyens pour accroître la mobilité des chercheurs et des scientifiques étrangers.

A) *Résumé des propositions*

Plusieurs mesures concrètes ont été proposées dans le but de faciliter la mobilité des chercheurs dans un esprit d'accroissement des échanges scientifiques internationaux et des accords industriels :

- amendement à la loi 101 pour accorder le libre choix de la langue d'enseignement pour les enfants de chercheurs étrangers et adoption d'une politique incitative à l'établissement de centres de recherche privés au Québec, proposition de l'Association des directeurs de recherche industrielle du Québec (ADRIQ) ;

- assouplissement des règlements relatifs à l'immigration des scientifiques à propos notamment de l'affichage préalable des postes au Canada, des délais d'obtention de visas et des quotas ; transfert des fonds de pension ; meilleure collaboration entre les universités et les entreprises pour faciliter cette mobilité, proposition de la Conférence des recteurs et des principaux des universités du Québec (CREPUQ) ;

- programme de soutien financier aux démarches de prospection et de recrutement de chercheurs étrangers faites par les universités et les entreprises, proposition du ministère de la Science et de la Technologie (MST) ;

- élaboration de programmes d'échanges impliquant des étudiants, des professeurs et des chercheurs (cégeps et universités), des travailleurs communautaires et des stagiaires professionnels, des leaders spirituels, proposition du Congrès juif canadien (CJC) ;

- finalement atténuation de certains irritants législatifs et fiscaux, proposition du Regroupement des industries de communication (RIC).

B) *Résultat des délibérations*

La très grande majorité des participants s'opposent à toute modification de la loi 101 dans le sens proposé par l'ADRIQ, et selon les représentants du gouvernement du Québec, il est totalement exclu de modifier cette loi.

Quant aux autres propositions touchant la mobilité et l'accueil des chercheurs et des scientifiques, tous les participants y expriment leur accord de principe. Sur les modalités, elles sont référées à des discussions ultérieures entre le gouvernement et les intervenants compte tenu des multiples facettes reliées à cette question. Quant à lui, le milieu des affaires offre sa collaboration à la CREPUQ pour rechercher ensemble des moyens concrets pour faciliter la mobilité et l'accueil des chercheurs et des scientifiques au Québec. Les représentants du gouvernement fédéral, pour leur part, informeront Mme Macdonald, ministre de l'Immigration des problèmes soulevés par la CREPUQ et reliés à l'affichage préalable obligatoire des postes de chercheurs partout au Canada.

BLOC 5 Accentuation de la mobilité des étudiants étrangers

Ce cinquième bloc de discussion comprend deux (2) propositions visant à prendre des mesures nécessaires pour accroître la présence d'étudiants étrangers au Québec.

A) *Résumé des propositions*

La Conférence des recteurs et principaux des universités du Québec (CREPUQ) propose de revoir la politique gouvernementale relative aux frais de scolarité des étudiants étrangers et d'exempter des frais supplémentaires de scolarité des étudiants étrangers bénéficiaires de bourses canadiennes (ACDI, Secrétariat d'État, etc.) ; de multiplier les accords de réciprocité d'exemption avec les pays étrangers et d'éliminer les quotas linguistiques basés sur la langue d'enseignement des établissements d'accueil ; d'explorer la possibilité que la couverture sociale assurée par la RAMQ puisse être offerte aux étudiants étrangers ; d'inviter les entreprises québécoises à recevoir des étudiants étrangers dans le cadre des stages pratiques prévus dans leurs programmes de formation universitaire.

Pour sa part le Congrès juif canadien demande que le gouvernement du Québec prenne les mesures nécessaires pour que les étudiants dont les communautés sont présentes au Québec, puissent bénéficier des mêmes barèmes de frais de scolarité que les étudiants québécois ou canadiens ou que les étudiants étrangers entrant dans le cadre des accords universitaires bilatéraux du Québec et du Canada.

B) *Résultat des délibérations*

En ce qui a trait à la mobilité des étudiants, tous les intervenants souhaitent une revision de la politique des frais de scolarité. En ce sens, le ministère de l'Éducation s'engage à prendre, dès janvier 1985, les mesures nécessaires pour revoir, en collaboration avec les intervenants et en particulier les universités, les cégeps et les autres ministères, la situation générale des étudiants étrangers, les conditions qui leur sont faites et pour proposer, s'il y a lieu, des mesures susceptibles d'améliorer la qualité de leur séjour et de maximiser les retombées pour le Québec. En somme, le ministère de l'Éducation ne s'engage pas, à ce stade-ci, à réduire les frais de scolarité, mais s'engage à étudier dès maintenant les effets de la politique des droits de scolarité sur l'accessibilité du système d'enseignement aux étudiants étrangers.

En ce qui concerne la possibilité que la couverture sociale assurée par le RAMQ puisse être offerte aux étudiants étrangers, le MCCE souligne que la question est à l'étude actuellement. Quant à l'invitation faite aux entreprises de recevoir des étudiants étrangers dans le cadre de stages pratiques, le monde des affaires ne peut s'engager dans cette voie, parce que toute la question des stages en entreprise est actuellement en voie de revision et de fond en comble, tant de la part du MEQ que de la part des entreprises.

BLOC 6 Mesures générales d'accueil et d'intégration

Ce sixième bloc de discussion comprend deux (2) propositions concernant l'adoption de mesures concrètes en vue d'améliorer l'accueil et l'intégration des immigrants.

A) *Résumé des propositions*

Le Congrès juif canadien (CJC) demande, qu'en cette matière, le gouvernement consulte sur une base permanente les diverses communautés culturelles sur les programmes d'éducation civique destinés aux immigrants et sur l'accélération de l'étude des dossiers des immigrants potentiels ; il demande en plus la mise sur pied de cours de langue anglaise dans les COFI, l'engagement de professeurs issus des communautés culturelles ainsi que la mise sur pied d'un système de garderie pour les immigrants.

La Fédération des travailleurs du Québec (FTQ) propose de mettre davantage à contribution les partenaires sociaux, dont le mouvement syndical, dans les COFI. La Table de concertation des réfugiés (TCR) demande la mise sur pied de stages de formation pour le personnel et les bénévoles des centres d'accueil. Pour sa part, la Confédération des syndicats nationaux (CSN) demande que les cours des COFI soient élargis aux lois sociales, aux lois du travail et aux organisations syndicales ; elle demande la mise sur pied de garderies, de cours de français sur les lieux de travail et durant les heures de travail et l'application de la loi des normes minimales de travail au travail domestique.

Finalement, le ministère des Communautés culturelles et de l'Immigration (MCCI) propose que les intervenants du secteur patronal et du secteur syndical se concertent au sein d'un comité de travail, avec les représentants gouvernementaux sur une formule pour mettre en place au sein des entreprises des cours de français pour les immigrants.

B) *Résultat des délibérations*

Le MCCI se dit prêt à mettre sur pied des stages de formation supplémentaire (parce qu'il en existe déjà) pour le personnel bénévole des centres d'accueil.

La proposition du MCCI sur la mise en place de projets pilotes sur l'enseignement du français en milieu de travail, qui reprend les demandes formulées par le milieu syndical, reçoit une adhésion de principe de la part des représentants du milieu patronal qui soulignent toutefois que ce projet ne peut être traité en dehors des autres projets de formation des travailleurs actuellement en discussion parce qu'ils ont tous un impact considérable sur l'organisation du travail dans le milieu de l'entreprise.

Le Regroupement des organisations nationales de loisirs du Québec (RONLQ) offre son entière collaboration aux milieux intéressés pour faciliter l'apprentissage de la langue française pour les immigrants puisque le milieu de loisirs, comme le milieu de travail est propice à cet apprentissage.

Par contre, aucun consensus n'est obtenu sur la question du choix de la langue d'enseignement dans les COFI (notamment au sujet des cours de langue anglaise) et sur l'application au travail domestique de la loi des normes minimales de travail.

BLOC 7 Lutte contre le racisme

Ce septième bloc de discussion comprend deux (2) propositions visant à combattre les manifestations de racisme dans la société québécoise.

A) *Résumé des propositions*

Alors que la Fédération des travailleurs du Québec (FTQ) demande, en termes généraux, que le gouvernement du Québec s'engage à prévenir et à combattre le racisme et la xénophobie sous toutes ses formes et qu'il encourage les partenaires socio-économiques à faire de même dans leur milieu d'intervention, le Bureau de la communauté chrétienne des Haïtiens de Montréal (BCCHM) demande de doter la Commission des droits de la personne de pouvoirs réels, l'habilitant à prendre des décisions contraignantes en vue de rendre effectives les déclarations de principe reconnaissant à tous, des droits égaux.

B) *Résultat des délibérations*

Le ministère de la Justice croit qu'il est trop tôt encore pour envisager de doter la Commission des droits de la personne de pouvoirs contraignants et préfère laisser aux tribunaux le devoir d'appliquer la préséance de la Charte des droits et libertés sur le reste de la législation québécoise. L'ensemble des intervenants considère qu'il appartient à chaque milieu respectif de travailler à la lutte contre le racisme et de susciter un large consensus social sur cette question.

BLOC 8 Mesures d'accueil et d'intégration plus spécifiques

Ce huitième bloc de discussion comprend cinq (5) propositions particulières pouvant faciliter l'adaptation et l'intégration des immigrants à la société québécoise.

A) *Résumé des propositions*

La Table de concertation pour les réfugiés (TCR) propose premièrement de créer avec l'aide de compagnies spécialisées dans ce travail, avec la collaboration des syndicats et l'appui du gouvernement, la mise sur pied d'un service valable de cueillette et distribution de meubles pour les réfugiés dans lequel la population peut avoir confiance.

Deuxièmement, elle propose que les réfugiés en attente de statut qui le désirent puissent prendre des cours de français ouverts normalement aux adultes pour faciliter leur intégration à la vie économique s'ils étaient éventuellement admis.

Troisièmement, elle suggère que les organismes régionaux (CRSSS) fournissent des supports en vue d'une action efficace pour venir en aide aux réfugiés et qu'ils créent un comité pour évaluer et promouvoir les services spécifiques à donner aux réfugiés qui ont des difficultés d'ordre psycho-social.

Pour sa part, le Congrès juif canadien (CJC) propose que le gouvernement du Québec de concert avec le gouvernement fédéral prenne les mesures nécessaires sur le plan légal et réglementaire pour permettre à tous les membres de la communauté juive d'avoir accès sans entrave à l'alimentation cachère à tout moment de l'année.

Finalement, le Congrès national des Italo-Canadiens (CNIC) propose que les accords de sécurité sociale entre l'Italie et le Québec soient réexaminés et mis à jour, que les critères d'évaluation et d'attribution d'équivalences dans la formation professionnelle, titres d'études et expériences de travail soient mis à jour, que des mécanismes beaucoup plus efficaces de transfert des fonds de pension par le biais d'un système informatisé soient mis en place, que les victimes d'accidents de travail puissent choisir leur pays de résidence tout en bénéficiant du transfert des indemnités, et que dans le cadre des accords de sécurité sociale, une politique d'assurance-maladie soit établie pour les touristes et visiteurs du Québec en Italie et vice-versa.

B) *Résultat des délibérations*

Sur la question de la cueillette et de la distribution de meubles, le MCCI informe les intervenants que son ministère subventionne déjà de tels programmes.

Sur la question de la mise sur pied de cours de français pour les réfugiés en attente de statut, le MCCI exprime de sérieuses réserves.

Sur la question de l'aide spécifique aux réfugiés, le ministère des Affaires sociales s'engage à fournir aux conseils régionaux de la santé et des services sociaux (CRSSS) l'orientation pour l'organisation et la distribution des services aux réfugiés aux prises avec des difficultés d'ordre psycho-social et souligne que ce sont les CRSSS qui auront la responsabilité d'implanter de telles mesures.

Sur la question de dispositions relatives à l'étiquetage des produits d'alimentation cachère, le Conseil de la langue française doit transmettre un avis au ministre délégué aux Affaires linguistiques.

Sur la question de l'élargissement des accords de sécurité sociale entre l'Italie et le Québec, le ministère des Relations internationales informe les participants que le Comité de négociation de ces ententes est déjà saisi de la question. Le ministère se dit disposé à raffiner les ententes existantes avec l'Italie.

BLOC 9 Promotion des communautés culturelles

Ce neuvième et dernier bloc de discussion comprend deux (2) propositions spécifiques.

A) *Résumé des propositions*

Le Congrès juif canadien (CJC) propose d'une part la mise sur pied de « programmes volontaires d'action affirmative » afin d'assurer une plus grande représentativité des membres des diverses communautés culturelles dans la Fonction publique et parapublique et plus particulièrement dans les sociétés d'état et propose d'autre part d'accroître l'aide aux médias des communautés culturelles (subventions).

La Confédération des associations linguistiques et culturelles du Québec (CALCQ) propose la mise sur pied d'une « Maison des communautés culturelles » à Québec dont les objectifs sont de loger les associations issues des communautés culturelles qui sont sans toit ; leur fournir un service de secrétariat à temps plein ; offrir un service de prématernelle aux membres des communautés culturelles ; offrir un programme jeunesse : ateliers socio-culturels (pour les 6-15 ans) ; permettre l'utilisation de locaux pour diverses activités : cours de langue, réunions d'assemblée.

B) *Résultat des délibérations*

Le MCCI donne son accord de principe pour la mise sur pied d'une Maison des communautés culturelles à Québec.

Le MCCI rappelle d'abord les mesures déjà prises par le gouvernement du Québec en vue d'assurer une plus grande représentation des communautés culturelles au sein de la Fonction publique et s'engage à poursuivre cet effort d'une plus grande représentation.

TROISIÈME PARTIE
Synthèse et clôture des travaux

3.1 Synthèse des travaux présentée par M. Bernard Landry Ministre des Relations internationales et du Commerce extérieur

Nous arrivons au terme des travaux entrepris ensemble il y a trois jours.

Je vous propose, pour une meilleure compréhension de la synthèse, de l'aborder selon l'ordre du cahier des propositions.

Le domaine de la coopération internationale

Nous sommes tous convaincus de la nécessité pour le Québec de se doter d'une politique de relations internationales intégrant les thèmes abordés à ce Sommet. Cette politique devrait faire l'objet d'un énoncé qui sera soumis à l'attention de la Commission parlementaire sur les institutions, au cours du printemps prochain, et qui tiendra compte des acquis du passé, des actions du présent et des orientations de l'avenir.

Cette commission est le lieu par excellence de consultation de l'ensemble des intervenants et de la population en général.

D'ores et déjà, vous m'avez convaincu de la nécessité de créer un organisme consultatif sur les relations internationales qui assurera le suivi de cette commission pour devenir un lieu permanent de réflexion, d'échanges et d'information.

Par la suite, nous avons abordé l'hypothèse de l'établissement d'un plan d'intervention en matière de développement international. Nous devrons tenir compte, à ce chapitre, des ressources financières actuellement disponibles. Je me suis toutefois engagé à recommander au gouvernement de faire un effort important dans ce domaine ; à titre indicatif, je rappelerai l'ordre de grandeur que pourrait atteindre cet effort en matière d'aide : un fonds d'aide, de cinq millions $ qu'il pourrait être en 1985-1986, devrait pouvoir atteindre quinze millions $ en 1988-1989, cela dans la perspective d'un effort global d'aide au développement qui devrait viser à rejoindre dans les meilleurs délais l'objectif d'aide visé par l'ONU de 0,7% du PIB, compte tenu de la contribution québécoise aux programmes fédéraux en ce domaine.

Dans un premier temps, le M.R.I. assurera la gestion de ce fonds en continuant d'y associer étroitement les organisations non-gouvernementales. Toutefois, le gouvernement du Québec en confiera éventuellement la gestion à un organisme spécialisé lorsque les fonds consacrés à l'aide le justifieront.

Dans le domaine de la coopération intergouvernementale, nous sommes convenus d'élargir et de développer les relations et les échanges avec l'étranger dans plusieurs domaines. Parmi les mesures envisagées à cette fin, rappelons le souhait d'étendre à d'autres pays le modèle d'échanges développé par l'OFQJ, de favoriser les échanges de professeurs et de chercheurs tant avec les pays développés qu'en développement, d'appuyer la création de chaires de civilisation québécoise. Ces projets et bien d'autres qui ont été évoqués à l'occasion de ces discussions devront être repris dans l'énoncé de politique du ministère des Relations internationales.

Quant à la représentation du Québec à l'étranger, nous nous sommes entendus sur deux thèmes majeurs : 1) la possibilité de participation distincte du Québec à ces grands forums que constituent les organisations internationales ; 2) le renforcement de notre réseau par l'affectation à l'étranger de conseillers spécialisés, notamment dans les secteurs culturel, scientifique et des relations de travail.

D'autre part, l'une des réalisations les plus immédiates de ce Sommet sera sans doute la mise en place, à partir de janvier 1985, de conseils d'orientation en matière de culture, d'éducation et de recherche, de loisirs et d'affaires sociales.

Ces conseils participeront à l'élaboration et à la détermination des priorités et des programmes à mettre en oeuvre dans ces différents secteurs.

Certains participants, notamment du monde des communications, ont exprimé le souhait que des structures semblables soient créées pour leur propre secteur.

Plusieurs intervenants ont souligné les difficultés que leur pose l'application de l'article 21 de notre loi à la signature d'ententes institutionnelles, notamment dans le domaine de la coopération universitaire et collégiale. Le MRI s'engage à mettre en place des mécanismes d'application qui assoupliront les procédures actuelles et réduiront les délais d'approbation.

Je note d'autre part que tous reconnaissent l'importance pour l'UMRCQ d'avoir accès au jumelage et mon ministère suggèrera aux instances concernées de modifier la loi en conséquence.

Deux grands événements internationaux pouvant se dérouler prochainement au Québec ont été soumis à notre attention et ont fait l'objet d'un accord de principe. Un Sommet sur la francophonie pourrait rassembler au Québec, dès 1986, les organisations représentatives de plus d'une dizaine de millions de « parlant-français » d'Amérique du Nord afin de nous permettre d'intensifier et de diversifier nos échanges avec eux.

Par ailleurs, le projet de « forum international des jeunes » proposé dans le cadre de l'Année internationale de la Jeunesse a fait l'objet d'un accord de principe sous réserve d'une consultation élargie à l'ensemble des organismes de jeunes du Québec ; ce projet, toutefois, est référé aux structures mises en place pour coordonner les nombreux projets reliés à l'Année internationale de la Jeunesse.

Au titre de la diffusion culturelle, les intervenants ont retenu le principe de deux propositions, soit de favoriser la participation des organismes culturels aux manifestations internationales majeures à l'étranger et de soutenir les tournées d'artistes et d'expositions itinérantes.

Le ministère des Relations internationales a proposé la création d'une fondation du Québec pour les études internationales chargée d'orienter et de promouvoir le développement d'une expertise québécoise originale en ces matières. Les réserves que vous avez formulées quant à cette Fondation nous amèneront à préciser le projet et à poursuivre nos consultations dans le cadre de l'énoncé de politique.

Dans le domaine de l'éducation vous avez noté, outre le peu d'intérêt de la population en général à l'égard des réalités internationales, le problème spécifique du désintéressement des jeunes à l'apprentissage des langues étrangères.

Afin de mieux cerner ce problème, le ministère de l'Éducation a proposé la tenue d'un colloque au cours des prochains mois. Plusieurs autres moyens ont été suggérés pour pallier à cette situation inquiétante ; à titre d'exemples, citons l'élargissement des programmes d'échanges de type OFQJ et une meilleure animation pédagogique dans les écoles.

Enfin, des représentants du monde de la presse ont souhaité que celle-ci fasse une plus large place à l'information.

Certaines mesures proposées, notamment l'offre de stages d'études à l'étranger pour des journalistes, les rencontres de presse sur des questions internationales ont été retenues mais on a noté à juste titre le caractère ponctuel et limité de ces moyens. Des mesures à plus long terme pourraient se dégager de la réflexion d'un groupe de travail dont la création a été proposée par l'un des participants.

Le domaine des échanges économiques internationaux

Sous ce thème, nous avons discuté principalement de mesures aptes à permettre une meilleure compétitivité de nos entreprises vis-à-vis la concurrence internationale et nous avons convenu d'un certain nombre de moyens et d'outils financiers et techniques nous permettant de mieux appuyer les efforts de pénétration de marchés des milieux d'affaires.

Le premier sujet de discussion nous a permis d'établir un consensus sur la proposition de la FTQ à l'effet de créer, d'une manière urgente, un comité consultatif sur le commerce international. Ce comité qui deviendrait éventuellement l'une des composantes du futur Conseil des relations internationales sera un des lieux privilégiés où se poursuivront les discussions sur les grands thèmes reliés à l'exportation.

Pour ce qui est des problèmes entourant les lois et règlements susceptibles d'affecter la compétitivité de nos entreprises, bien que nous n'ayons pu établir un consensus, il a été retenu que le ministère du Commerce extérieur en tant que responsable du dossier des exportations au Québec veillera, soit au CMPDE ou au Conseil des ministres, à ce que l'ensemble du gouvernement soit soucieux de cette préoccupation.

De même, nous nous sommes ralliés à la suggestion de réaliser une étude nous permettant de mesurer l'ampleur du phénomène des mandats restreints confiés, par leur société-mère, à des entreprises qui ont une place d'affaires au Québec. Enfin, pour répondre au souci de révision du système fiscal qui s'applique à l'entreprise, le gouvernement a accepté le principe de réaliser une étude portant sur certains éléments de cette fiscalité ainsi que sur le problème d'exonération des revenus des québécois oeuvrant à l'étranger.

En ce qui a trait aux problèmes de libéralisation des échanges et à la participation du Québec aux négociations commerciales et multilatérales qui se tiennent dans le cadre du GATT, il a été reconnu que le Québec devrait prendre une part plus active au processus de négociation. Le gouvernement du Québec, pour sa part, s'est engagé à rendre public certaines études actuellement en cours au sein de son administration touchant l'impact d'une libéralisation accrue des échanges économiques dans certains secteurs avec les États-Unis. Des consultations seront menées avec les principaux agents à cet effet avant qu'une position gouvernementale définitive soit établie.

En matière de financement, il y a eu consensus sur la nécessité de veiller à constamment améliorer les programmes gouvernementaux d'assistance à l'exportation afin de les maintenir concurrentiels avec ceux d'autres pays. Toutefois, la proposition visant à modifier le REA n'a pas été retenue. En ce qui concerne le centre de formation en « technicité bancaire », il sera étudié, d'autant plus qu'il s'intègre au projet de centre bancaire international à Montréal auquel le gouvernement du Québec a donné son accord.

Nous avons ensuite procédé à une revue générale des moyens actuels ou nouveaux susceptibles d'améliorer la performance de nos entreprises à l'extérieur. Les intervenants ont d'abord exprimé leur accord quant à la présence occasionnelle de représentants syndicaux sur les missions d'information ou des missions où ils sont en mesure d'apporter une contribution. De même, ils ont pris acte, d'une part, de la politique du MCE, quant à la durée des mandats des conseillers économiques en poste, à savoir que ces mandats peuvent être prolongés lorsque la situation familiale et professionnelle de l'individu le permet et que le poste ne nécessite pas de difficultés particulières et, d'autre part, de l'intention du MCE d'accentuer ses efforts de prospection d'investissement étranger.

Pour ce qui est de la sensibilisation des manufacturiers au support que peuvent leur apporter les firmes-conseils et les sociétés de commerce, on s'entend pour reconnaître que les gouvernements et les différentes institutions du secteur privé ont un rôle complémentaire à jouer et qu'ils doivent l'exercer en concertation.

Quant à l'inclusion de la clause d'arbitrage de la Chambre de Commerce Internationale (CCI) dans les contrats internationaux signés par les entreprises québécoises, le gouvernement s'assurera que le code de procédures civiles soit compatible avec les mécanismes d'arbitrage et réalisera à même ses effectifs une étude visant à inventorier les mécanismes d'arbitrage reconnus à ce jour.

Pour ce qui est des efforts à faire en vue de susciter la création d'un Centre bancaire à Montréal, le Québec est prêt à abolir l'impôt (5,5%) sur les recettes des banques canadiennes provenant des transactions réalisées par des non-résidents à la condition que le gouvernement fédéral en fasse autant (36%).

Pour sa part, le gouvernement canadien informe les participants qu'il déposera en janvier une étude touchant la création de centres bancaires internationaux. Il prend bonne note de l'invitation qui lui est faite par le gouvernement du Québec de réduire les impôts sur les transactions réalisées par des non-résidents. Cette proposition sera transmise au ministre des Finances du Canada.

En ce qui a trait aux mandats mondiaux, le gouvernement n'est pas en mesure de publier les résultats de l'enquête menée auprès des 10 entreprises, pour des raisons évidentes de confidentialité. Il souligne toutefois qu'il est favorable à la proposition du Centre de Commerce mondial de Montréal (CCMM) à l'effet de revoir certains aspects de sa politique d'achat.

Enfin, pour ce qui est du système TÉLÉPORT, j'ai constaté un intérêt manifeste du secteur privé et je rappelle aux participants que le ministère des Communications est disposé à mettre son expertise à la disposition des intervenants.

En matière culturelle, le ministère du Commerce extérieur s'est déclaré prêt à aider SOMART Ltée dans la mesure où il est possible de considérer qu'il s'agit d'un consortium ou d'un agent exportateur dûment mandaté par les firmes québécoises.

De même, le ministère du Commerce extérieur verra à permettre un meilleur accès à ses programmes pour les entreprises de ce secteur.

Dans le secteur des communications, il a été décidé de créer un comité sur les industries de communication impliquant les instances gouvernementales et le secteur privé visant à analyser les problèmes auxquels font face les entreprises de ce secteur en matière d'exportation, à l'exclusion du domaine des logiciels qui est actuellement à l'étude dans le cadre de la conférence sur l'électronique et l'informatique.

Nous avons aussi abordé un volet important celui de l'information et de la formation. Pour ce qui est de la circulation de l'information, l'Association des manufacturiers canadiens-Québec (AMC-Q) et le gouvernement ont constaté certaines divergences quant aux modalités de gestion de cette information.

En matière de formation, le gouvernement a fait part de propositions visant à solutionner certains des problèmes identifiés par les intervenants. Ainsi, pour les syndicats, le ministère de l'Éducation — Service des moyens d'enseignement — l'Institut de productivité du textile et le MCE peuvent, dans leurs domaines respectifs, fournir soit les outils pédagogiques ou de l'information spécialisée à leurs membres.

Pour les commissaires industriels, une nouvelle formule condensée en trois jours (18 heures) de cours de techniques administratives à l'exportation leur sera offerte dès qu'ils en feront la demande.

Pour les clubs d'exportateurs, j'ai souligné que le ministère du Commerce extérieur encourage ce genre de regroupement mais souligne que le budget dont nous disposons pour appuyer de telles initiatives demeure limité. Nous offrons toutefois à l'ensemble des intervenants de mettre à leur disposition la documentation technique nécessaire et les services-conseils du ministère afin de leur permettre de se doter de tels clubs. Enfin, j'ai proposé la mise en oeuvre de stages de perfectionnement à l'étranger à l'intention des transitaires.

De même, afin de favoriser un rapprochement accru entre les milieux universitaires et le monde des affaires, le ministère du Commerce extérieur mettra sur pied les programmes COMEX et JEUNEXPORT qui visent à compléter la formation de diplômés universitaires par des stages pratiques en entreprise.

Sur les question de troc et de regroupement d'entreprises en vue de l'exportation, les intervenants se sont dits d'accord pour reconnaître l'importance relative du commerce de contrepartie, le rôle stratégique que le gouvernement peut y jouer et la nécessité de trouver les formules les plus appropriées afin de répondre aux exigences de cette forme de commerce. Ils ont également manifesté leur satisfaction quant à l'admissibilité des consortiums ou autres regroupements au programme APEX du ministère du Commerce extérieur et ont souscrit unanimement au programme NOVEX-50 qui est destiné à créer des emplois permanents en entreprise pour des gradués universitaires. Ils ont aussi manifesté leur satisfaction quant à la volonté du ministère d'apporter une attention plus particulière à la mise au point de stratégies de communication et reconnu l'intérêt d'accroître les regroupements sectoriels en vue de l'exportation.

Un dernier bloc nous a amené à nous pencher sur des questions de transport et d'importation de vins. Pour ce qui est de la formation de groupes de travail ad hoc respectivement sur la loi dérogatoire sur les transports et sur les possibilités de modifier le système actuel d'importation des petits colis en provenance des États-Unis, mon collègue des Transports a offert son entière collaboration afin de s'associer pleinement aux travaux de ces deux groupes de travail. Enfin, en ce qui a trait à l'importation de vins en provenance d'Italie, nous avons fait valoir que le gouvernement ne voyait aucun intérêt à modifier la politique actuelle de la commercialisation des vins et que nous faisons pleinement confiance au dynamisme italien afin que ce pays puisse continuer son excellente performance dans ce secteur.

Le domaine de l'immigration

Les participants au présent sommet ont convenu que le projet de loi actuellement à l'étude portant sur la création d'un Conseil des communautés culturelles et de l'immigration répondait à un besoin de concertation partagé par plusieurs.

De même, un large consensus s'est dégagé quant à la proposition soumise par le ministère des Communautés culturelles et de l'Immigration à l'effet que les niveaux d'immigration soient établis sur une base annuelle suite à une consultation auprès des divers intervenants.

Plusieurs participants ont évoqué les interactions nécessaires entre les objectifs démographiques, humanitaires et économiques dont les politiques d'immigration se doivent d'être le reflet. Bien que le temps mis à notre disposition n'ait pas permis à chacun d'exprimer la pondération qu'il souhaiterait voir être retenue, l'ensemble des participants ont convenu néanmoins que les mécanismes mis en place, à savoir le Conseil et la consultation sur les niveaux, permettrait à tous de faire valoir leurs points de vue.

Quant aux efforts du gouvernement québécois pour favoriser la venue d'immigrants-investisseurs, les intervenants appuient la proposition du ministère des Communautés culturelles et de l'Immigration pour la création d'une banque de projets gérée par le secteur privé. On enregistre donc un consensus sous réserve de modalités à être précisées ultérieurement.

Les participants ont par ailleurs souhaité que le gouvernement s'oriente vers des politiques favorisant une plus grande ouverture, que ce soit à l'égard de la mobilité des compétences spécialisées, à l'égard de la réunification des familles ou à l'égard des réfugiés et autres cas admis pour des considérations humanitaires.

Le gouvernement pour sa part s'oppose à inclure tous critères de discrimination dans sa loi et réglementation et n'envisage pas d'élargir la catégorie de la famille qui constitue déjà environ 50% du mouvement récent. En ce qui a trait aux efforts concernant l'accueil des réfugiés, le gouvernement s'engage à poursuivre ses efforts actuels qui représentent près du quart de l'immigration annuelle vers le Québec.

Tous ces aspects feront d'ailleurs l'objet d'études, de discussions et d'échanges au niveau du Conseil et des exercices subséquents de consultation sur les niveaux d'immigration.

Quant à l'information disponible à l'étranger aux candidats à l'immigration, le MCCI vise constamment une amélioration et s'engage à y associer les intervenants intéressés sous réserve des contraintes administratives et opérationnelles. Il s'engage aussi à inclure les renseignements sur toute la gamme des aspects de la société québécoise.

Sur les propositions touchant la mobilité des chercheurs et des scientifiques, tous y compris le gouvernement, partagent les objectifs rDecherchés. Les modalités sont par contre sujettes à discussions ultérieures entre les intervenants et le gouvernement compte tenu de l'ensemble des aspects reliés à cette question. Cependant, il est exclu de modifier la Loi 101 dans ce contexte.

En ce qui a trait à la mobilité des étudiants étrangers, tous les intervenants souhaitent une revision de la politique des frais de scolarité. Le gouvernement s'est engagé à prendre, dès janvier 1985, les mesures nécessaires pour revoir la situation générale des étudiants étrangers au Québec, pour proposer, s'il y a lieu, des mesures susceptibles d'améliorer la qualité de leur séjour et d'en maximiser les retombées pour le Québec. Il ne s'engage pas, à ce stade, à réduire les frais de scolarité, mais il étudiera les effets de la politique des droits de scolarité sur l'accessibilité du système d'enseignement aux étudiants étrangers.

Nos discussions sur les propositions d'action touchant le domaine de l'accueil et de l'adaptation des immigrants nous ont aussi permis d'en arriver à un certains nombre d'accords.

C'est ainsi que la proposition du ministère des Communautés culturelles et de l'Immigration sur la mise en place de projets pilotes sur l'enseignement du français en milieu de travail, qui reprenait des demandes formulées par le milieu syndical, a reçu une adhésion de principe de la part des représentants du secteur patronal.

Nous avons en outre, mon collègue des Communautés culturelles et de l'Immigration et moi, indiqué l'accord du gouvernement face à quelques demandes spécifiques. Je pense ici à l'organisation de cours de formation à l'intention du personnel des centres d'accueil pour immigrants, à la création d'un système de cueillette de distribution de meubles donnés, à l'engagement du ministère des Affaires sociales de créer un comité de travail sur les services d'ordre psycho-social aux réfugiés, et au réexamen, en vue de leur bonification et leur élargissement à d'autres pays, de nos accords de réciprocité en matière de sécurité sociale.

Les préoccupations formulées par certains participants sur la question du racisme ont reçu un écho favorable autour de cette table. Mon collègue des Communautés culturelles et de l'Immigration a souligné avec justesse l'importance, dans ce domaine, de susciter un large consensus social. Il nous appartient d'y travailler, chacun dans notre milieu respectif.

Par ailleurs, le gouvernement a indiqué qu'un examen de la réglementation sur les produits cachers a été entrepris. Par contre, il a exprimé ses réserves sur l'organisation de cours de français pour les requérants au statut de réfugié.

Enfin, monsieur Johnson a rappelé les mesures déjà prises par le gouvernement du Québec en vue d'assurer une plus grande représentation des communautés culturelles au sein de la Fonction publique et a affirmé que ces efforts se poursuivront. Il a également manifesté l'accord de son ministère quant au projet d'une Maison des communautés culturelles à Québec.

3.2 Clôture des travaux

M. BERNARD LANDRY,
MINISTRE DES RELATIONS INTERNATIONALES ET DU COMMERCE EXTÉRIEUR,
GOUVERNEMENT DU QUÉBEC :

Monsieur le Président, nous avons vu, durant ce sommet, un participant important, dont la présence est inusitée, il s'agit du gouvernement central du Canada qui a été constamment représenté à cette table, par un ou des membres du conseil des ministres, appuyés par une équipe de fonctionnaires qui était impressionnante ; je voudrais maintenant donner la parole à mon collègue le président du Conseil du trésor du Canada.

M. ROBERT RENÉ DE COTRET,
PRÉSIDENT DU CONSEIL DU TRÉSOR, GOUVERNEMENT DU CANADA :

Monsieur Landry, monsieur le Président, mesdames et messieurs, pour suivre les propos que vous venez de mentionner monsieur le ministre, si l'on s'était posé des questions sur l'intérêt du gouvernement fédéral pour le Sommet du Québec dans le monde, je pense que la présence au cours des trois derniers jours de cinq ministres et d'un secrétaire parlementaire ainsi que des représentants des ministères et des organismes d'état directement concernés par les questions internationales aura, j'espère bien, dissipé ces doutes.

Pour leur part, madame Vézina, monsieur Côté, monsieur Bouchard, monsieur Bissonnette ainsi que madame Tardif n'ont pas manqué de souligner le vif intérêt qu'a suscité chez eux et par extension chez nous, le contenu des débats.

Au nom de la délégation que je dirige, il me plaît d'abord de souligner le mérite du gouvernement du Québec d'avoir organisé cette rencontre au Sommet. Vous voudrez connaître les impressions générales qui se dégagent de ces trois jours de débat dans la perspective qui est la mienne.

Tout d'abord le Sommet confirme l'intérêt sans cesse grandissant de l'ensemble de notre société québécoise pour les questions internationales. Il reflète chez nous une conscience de plus en plus aigue de notre propre avenir, notamment économique, qui dépend de notre participation active à la vie internationale.

J'ai remarqué avec grande satisfaction la qualité des contributions apportées par tous les secteurs, le sérieux des interventions et l'enthousiasme des participants.

Vous êtes tous venus ici pour travailler. En ce qui concerne notre délégation, nous sommes ici pour écouter et pour participer d'une manière constructive, c'est-à-dire pour recueillir vos idées, vos suggestions et prendre le pouls de vos aspirations. Nous aussi, nous sommes venus pour travailler parce que nous voulons que ce Sommet débouche sur une action, une action réelle.

Encouragé par l'esprit d'ouverture au monde de la part du Québec et enrichi par la substance des délibérations, j'apporte avec moi à Ottawa un ensemble de perspectives, mais surtout l'idée concrète que je porterai à l'attention de mes collègues au Conseil des ministres, ceux qui sont les plus directement concernés. À cet égard, vous n'êtes pas sans savoir que le gouvernement fédéral entreprend un réexamen global des relations internationales du Canada ; beaucoup des suggestions qui ont été faites s'adressant au gouvernement fédéral seront prises en ligne de compte dans ce réexamen.

J'ai bien noté, en particulier, vos préoccupations en ce qui concerne la paix dans le monde, le désarmement et aussi les droits de la personne et j'en ferai part à mon collègue.

Après l'excellente synthèse des travaux que nous a faite monsieur Landry, je m'en voudrais de revenir sur le travail de nos délibérations, mais je voudrais quand même dire un mot sur chacun des grands thèmes évoqués.

En matière de coopération internationale, le gouvernement fédéral a vu et noté l'engagement clair du Québec vers le Tiers-Monde, notamment les initiatives des organismes non-gouvernementaux et du monde des affaires.

Le gouvernement fédéral est prêt à travailler avec le gouvernement du Québec pour renforcer la qualité et l'impact de notre coopération internationale.

Compte tenu du défi capital qui se pose à nous tous en matière d'économie et de commerce extérieur, nous attachons une importance particulière au résultat de nos délibérations à ce sujet. Sur ce thème, même si pafois il y a eu des discussions vigoureuses, sur les moyens, le consensus s'est toutefois dégagé sur l'objectif d'augmenter notre part du marché international comme outil de développement économique.

Pour notre part, nous avons déjà engagé un processus de réévaluation de nos programmes afin de simplifier la machine fédérale et d'éviter toute forme de double emploi.

Nous réévaluons aussi l'ensemble de la fiscalité fédérale et vos interventions sur le sujet nous seront fort utiles.

En matière d'accès aux marchés étrangers, secteur particulièrement vital, nous devons poursuivre avec une vigueur renouvelée une politique de libre-échange. Nos relations avec les grandes nations commerçantes dans le contexte de notre participation au GATT, en particulier nos relations avec notre principal partenaire économique, les États-Unis, sont les deux piliers de cette politique. Il s'agit de poursuivre la voie du libre-échange tout en étant conscient des effets d'un tel système sur la structure économique de notre pays.

Nous sommes engagés à consulter ceux qui seront touchés par les changements afin de mieux mesurer l'impact d'un accroissement de la concurrence internationale.

Nous sommes également à examiner l'ensemble de nos instruments de financement à l'exportation et de nos programmes et services d'appui au développement des marchés. Dans ce travail, nous faisons appel entre autres à des experts non-gouvernementaux.

Enfin, nous voulons nous assurer que nos actions soient pertinentes et que l'information sur les marchés d'exportation rejoigne rapidement et dans les meilleures conditions possibles les milieux d'affaires qui ont la responsabilité première du développement des marchés.

Le secteur de l'immigration est un exemple de coopération entre les deux ordres de gouvernement ; exemple que nous avons l'intention de poursuivre et d'intensifier.

Nous sommes conscients de la part de l'immigration dans le développement de notre société. Ma collègue, madame MacDonald a annoncé que le gouvernement fédéral s'engageait dans une réévaluation en profondeur de notre politique et de nos programmes d'immigration en consultation avec les provinces et aussi les organisations non-gouvernementales. Ce réexamen tiendra compte des besoins de l'économie, ainsi que de notre engagement humanitaire visant à alléger les problèmes de l'humanité.

Monsieur le Président, le devoir des gouvernements d'aujourd'hui est bien celui d'être responsables donc réalistes. L'époque de la prodigalité budgétaire est révolue. Nous devons nous préoccuper davantage de la qualité, de la cohérence et des résultats de nos actions. En d'autres termes, il faut faire davantage et mieux avec moins. Pour y arriver, il faut laisser place aux initiatives et aux dynamismes des diverses composantes de la société ; il faut aussi les susciter.

Nous devons en particulier compter dans une beaucoup plus grande mesure sur le concours du secteur privé pour assurer le renouveau économique dont le Canada tout entier autant que le Québec ont tellement besoin. Il faut arriver le plus tôt possible à des résultats concrets et concertés.

La réalisation de cet objectif passe par la contribution de tous, mais aussi pour les gouvernements par un dialogue continu, une volonté d'action commune et le respect des responsabilités propres à chacun. Cette volonté existe au sein de notre gouvernement et je ne doute pas qu'il en soit de même de la part de nos collègues du gouvernement du Québec. Merci beaucoup.

M. BERNARD LANDRY,
MINISTRE DES RELATIONS INTERNATIONALES ET DU COMMERCE EXTÉRIEUR, GOUVERNEMENT DU QUÉBEC :

Monsieur le Président, chers participantes et participants, au terme de ces trois journées de travail, le moment est venu de faire le point ultime sur cette entreprise qui nous a mobilisés depuis un an.

Je crois tout d'abord que vous serez d'accord avec moi pour constater que nous avons réussi de manière tout à fait remarquable à parcourir la route que nous nous étions fixée ; manifestement l'exercice auquel nous venons de nous livrer s'est déroulé dans un terrain fertile.

La société québécoise, à travers ses principaux intervenants internationaux, était mûre pour une concertation autour des défis qu'elle doit relever pour assumer la place qui lui revient dans le monde.

Comme la synthèse que je viens de faire l'établit, les participants du Sommet ont élaboré un nombre impressionnant de propositions d'action sur lesquelles des consensus significatifs ont pu être dégagés.

Dans les cas où nous n'avons pu nous entendre, nous nous sommes dotés d'un ensemble de structures de concertation qui permettront aux intervenants de poursuivre au cours des prochains mois les échanges entamés à cette table.

Le gouvernement, pour sa part, entend donner les suites qui s'imposent à l'issue de nos travaux. Comme ce fut le cas après les sommets précédents, vous recevrez d'ici quelques semaines le compte-rendu de nos délibérations ; vous serez invités au cours de la première moitié de mil neuf cent quatre-vingt-cinq (1985) à intervenir à l'Assemblée nationale devant la Commission des institutions à propos de l'énoncé de politique que j'entends y proposer.

Le Conseil consultatif pour les relations internationales et les conseils d'orientation qui seront formés dès janvier prochain, dont celui de la culture et des loisirs, feront appel à la participation de plusieurs d'entre vous.

Les instances décisionnelles appropriées seront saisies des engagements auxquels la délégation gouvernementale a souscrit ici pour qu'elles puissent dégager les ressources voulues pour les mettre en oeuvre à un rythme, bien entendu, compatible avec l'évolution des finances publiques du Québec.

J'ai souligné en mai dernier à la fin de la séance plénière du Sommet, que la légitimité de l'action internationale du Québec ne faisait désormais plus l'objet de doute au sein de notre collectivité. Je suis satisfait de constater que tous les intervenants, dont le gouvernement central du Canada, reconnaissent cette légitimité. Le président de la délégation canadienne, mon collègue Robert René de Cotret a fait preuve, lors du tour de table initial, d'une ouverture dont le gouvernement du Québec prend acte et se réjouit ; il ne s'est pas démenti d'ailleurs dans son intervention finale.

Cette légitimité indique tout naturellement que le gouvernement doit assumer les responsabilités qui sont les siennes dans le domaine des relations internationales. Le gouvernement a l'intention de faire face à ses devoirs dans ce secteur, comme notre action passée le démontre, et comme notre approche devant les questions débattues à ce Sommet l'a souligné.

Le gouvernement ne réussira à atteindre les objectifs que la société s'est donnés à l'échelle internationale que s'il peut compter sur la participation efficace des intervenants non-gouvernementaux à l'élaboration et à la mise en oeuvre de notre politique internationale.

J'ai toutes les raisons de penser que ces conditions seront remplies si je me fie aux échanges auxquels nous venons d'assister durant ces trois jours. L'interdépendance, qui est une des caractéristiques marquantes du monde contemporain doit, de fait, non seulement être prise en compte dans la conception que le Québec se fait du monde, mais doit aussi figurer parmi les traits principaux de la démarche que nous allons suivre entre Québécois et Québécoises au cours des prochaines années pour nous situer à un rang honorable dans les sociétés de l'an deux mille (2000).

En terminant, je voudrais remercier tous ceux et celles qui ont travaillé avec tellement d'énergie depuis un an pour que ces assises, nous l'admettrons tous, connaissent un succès inégalé. Je remercie les participants autour de la table, oui, mais plusieurs personnes de la Fonction publique, du secteur privé, des équipes syndicales qui ont permis que ce que nous avons fait aujourd'hui soit un succès, je les en remercie, je les en félicite.

La position internationale du Québec doit sortir renforcée à la suite de cette réflexion collective que nous venons d'amorcer. De plus, je souhaite fortement que tous les partenaires de la société n'hésitent pas en mil neuf cent quatre-vingt-cinq (1985), Année internationale de la jeunesse, à s'associer étroitement aux initiatives et aux réalisations des jeunes. C'est en bonne partie l'action internationale des jeunes, plus précisément leur ouverture à ce qui se passe et se fait ailleurs, qui assureront le rayonnement du peuple québécois à l'extérieur de ses frontières.

Je vous souhaite une bonne fin d'année avant que nous nous attaquions à la réalisation de l'effort collectif qui permettra au Québec d'occuper pleinement et efficacement sa place dans le monde.

Monsieur le Président, vous savez que j'ai participé, de par mes fonctions à plusieurs de ces sommets, aux deux bonnes douzaines et peut-être davantage, et j'en ai vu des présidents et j'en ai vu des présidentes et j'en ai vu des bons et j'en ai vu des bonnes. Je trouve, et je sens que je suis approuvé par l'ensemble des participants, qu'il y a consensus là-dessus, que vous avez été un exceptionnel président, un président de grand calibre.

Votre tact, votre connaissance des dossiers, votre humour et votre discrétion, monsieur le Président, nous ont vivement impressionnés et je vous en remercie au nom du gouvernement et des participants.

ANNEXE 1 : Liste des invités présents à la deuxième rencontre du Sommet sur le Québec dans le monde

A. LES INVITÉS PARTICIPANTS PRÉSENTS

Le secteur des affaires

Association canadienne des courtiers en douanes

> Monsieur Réjean Poissant
> Président (section Québec)

Association des commissaires industriels du Québec

> Monsieur Robert Sanscartier
> Vice-président au développement

Association des industries aérospatiales du Canada

> Monsieur Jean-P. Beauregard
> Vice-président de Pratt et Whitney

Association des ingénieurs-conseils du Québec

> Monsieur René Cayer
> Vice-président de la Société Shawinigan-Lavalin

Association des manufacturiers de bois de sciage du Québec

> Monsieur Landry Lapointe
> Exportateur

Association des manufacturiers canadiens (section Québec)

> Madame Louise Fecteau
> Directeur général

> Monsieur Robert Murray
> Président

Association des mines et métaux du Québec

> Monsieur L. Gonzague Langlois
> Directeur général

Association canadienne des exportations

> Monsieur Jean-Paul Gourdeau
> Président

> Monsieur Marcel Desjardins
> Membre du Conseil pour la Commission d'expansion
> du Commerce extérieur

Bureau de commerce de Montréal

Monsieur Marvin Zimmerman
Président

Centre de commerce international de l'Est du Québec

Monsieur Jean-Luc Dutil
Président

Centre de commerce mondial de Montréal

Monsieur André Vallerand
Président

Monsieur Pierre Lortie
Président du Conseil

Chambre de commerce du Québec

Monsieur François Paradis
Président

Monsieur Jean-Paul Létourneau
Vice-président exécutif

Monsieur Louis Lagacé
Vice-président de 1er rang

Conseil du patronat du Québec

Monsieur Ghislain Dufour
Vice-président exécutif

Monsieur Denis Beauregard
Directeur à la recherche

Maison régionale de l'industrie (région 05)

Madame Shirley Jackson
Directrice adjointe

Le secteur financier

Association des banquiers canadiens

Monsieur Pierre McDonald
Président du Comité du Québec

Association canadienne des courtiers en valeurs mobilières

Monsieur René Jarry
Président du Conseil de la section du Québec

Confédération des caisses populaires et d'économie Desjardins

Monsieur Yvon Daneau
Secrétaire général

Le secteur agricole

Coopérative fédérée du Québec

Monsieur Paul-Émile Saint-Pierre
Président

Monsieur Jean-Pierre Deschênes
Directeur du groupe de l'approvisionnement de la ferme

Union des producteurs agricoles

Monsieur Jacques Proulx
Président

Monsieur Gilles Besner
Directeur adjoint à l'information

Le secteur de l'information et des communications

Bell Canada

Monsieur Claude Beauregard
Vice-président adjoint aux relations publiques

Fédération professionnelle des journalistes du Québec

Monsieur Daniel Gourd
Directeur et responsable des dossiers internationaux

Groupe Vidéotron

Monsieur Roger Jauvin
Vice-président

Institut international de la communication

Monsieur Jean-Claude Thouin
Directeur de la coopération

Le secteur de la recherche et de l'éducation

Association des directeurs de recherche industrielle du Québec

Monsieur Claude Vézina
Vice-président

Centre d'études sur les régions en développement

Monsieur Warwick Armstrong
Directeur

Centre québécois de relations internationales

Monsieur Marcel Daneau
Directeur général

Conférence des recteurs et principaux des universités du Québec

Monsieur Claude Hamel
Président

Fédération des cégeps

Monsieur Luc-Claude Henrico
Président

Monsieur Yvon Robert
Directeur général

Société québécoise de droit international

Monsieur Daniel Turp
Secrétaire général

Société québécoise de science politique

Monsieur André Donneur

Le secteur syndical

Centrale de l'enseignement du Québec

Monsieur Yvon Charbonneau
Président

Monsieur Michel Agnaieff
Directeur général

Monsieur Égide Maltais
Vice-président

Centrale des syndicats démocratiques

Monsieur Wayne Wilson
Trésorier de la Fédération démocratique de métallurgie,
des mines et produits chimiques

Monsieur Claude Richer
Président du Syndicat des métallurgistes de Saint-Hyacinthe

Confédération des syndicats nationaux

Monsieur Gérald Larose
Président

Monsieur Léopold Beaulieu
Trésorier

Madame Irène Ellenberger
Présidente du Conseil central de Montréal

Fédération des travailleurs du Québec

> Monsieur Fernand Daoust
> Secrétaire général

> Monsieur Osvaldo Nunez
> Président du Comité FTQ sur les travailleurs émigrés
> et la solidarité internationale

Le secteur des communautés culturelles

Bureau de la communauté des Haitiens de Montréal

> Monsieur Paul Dejean
> Responsable

Comité d'amitié Québec-Italie

> Monsieur Alfredo Folco
> Président

Confédération des associations linguistiques et culturelles de Québec

> Monsieur Daniel Dubois
> Trésorier

Congrès juif canadien

> Monsieur Morton Bessner
> Président du comité exécutif

Congrès national des Italo-Canadiens

> Monsieur Filippo Salvatore
> Représentant

Table de concertation des organismes de Montréal au service des réfugiés

> Madame Adriana Nunez
> Directrice de l'Hirondelle

Le secteur des organismes non gouvernementaux de coopération internationale

Association internationale francophone des aînés

> Monsieur Manuel Maître
> Secrétaire

Association québécoise des organismes de coopération internationale

> Monsieur Jean-Claude Desmarais
> Directeur général
> Centre d'études et de coopération internationale

> Madame Nicole Riberdy
> Présidente
> Entraide missionnaire

Monsieur Denis Thibeault
Directeur de l'éducation (secteur français)
Organisation catholique canadienne pour le développement de la paix

Madame Judith Bergeron
Directrice générale
Carrefour de solidarité internationale

Madame Lise Blouin
Secrétaire
Plan Nagua

Monsieur Alain Ambrosi
Vice-président
Service universitaire canadien outre-mer

Comité québécois de l'Union internationale des organismes familiaux

Monsieur Yves Lajoie
Secrétaire

Ensemble de groupes d'action-jeunesse

Madame Julie Morency
Présidente

Le secteur de la culture et des loisirs

Conférence des conseils régionaux de la culture

Madame Tatiana Demidoff-Séguin
Présidente
Conseil de la culture des Laurentides

Corporation des secrétariats des peuples francophones

Monsieur Philippe Sauvageau
Président

Regroupement des organismes nationaux de loisirs du Québec

Monsieur Louis Jolin
Président

Monsieur Yvan Guimond
Président du secteur tourisme

Monsieur Pierre Trudel
Président du secteur plein air

Monsieur Michel Payette
Président du secteur socio-culturel

Monsieur Guy Bigras
Membre du comité exécutif du secteur sport

Madame Nicole Moir
Présidente du secteur socio-éducatif

Société de développement du livre et du périodique

> Madame Louise Rochon
> Secrétaire générale

Société de mise en marché des métiers d'art

> Monsieur Jean-Pierre Tremblay
> Président

Société des auteurs, recherchistes, documentalistes
et compositeurs du Québec

> Madame Claudette Fortier
> Directrice générale

Union des écrivains québécois

> Monsieur Jean-Yves Colette
> Secrétaire général

Centre québécois de l'Institut international du théâtre

> Madame Diane Miljours
> Coordonnatrice

Le secteur municipal

Union des municipalités régionales de comté

> Monsieur André Asselin
> Président

> Monsieur Roger Nicolet
> Vice-président

Union des municipalités du Québec

> Monsieur Jean Corbeil
> Président
> Union des municipalités du Québec

> Monsieur Michel Rivard
> Président du comité exécutif
> Communauté urbaine de Québec

Le secteur gouvernemental québécois

> Monsieur René Lévesque
> Premier ministre

> Monsieur Clément Richard
> Ministère des Affaires culturelles

> Monsieur Pierre Marc Johnson
> Secrétariat aux Affaires intergouvernementales canadiennes
> Ministère de la Justice
> Ministère des Communautés culturelles et de l'Immigration

Monsieur Yves Bérubé
Ministère de l'Éducation
Ministère de la Science et de la Technologie

Monsieur Bernard Landry
Ministère des Relations internationales et du Commerce extérieur

Monsieur Pierre Cazalis
Président-directeur général
Société d'exploitation des ressources éducatives du Québec

Monsieur Pierre-A. Deschênes
Président
Société de développement des industries de la culture
et des communications

Monsieur François Lebrun
Président
Société de développement industriel

Monsieur Patrick Martin
Président
SOGEX international

Le secteur gouvernemental fédéral

Monsieur Robert René de Cotret
Président du Conseil du trésor

Monsieur André Bissonnette
Ministère d'État aux Petites et Moyennes entreprises

Monsieur Benoit Bouchard
Ministère des Transports

Monsieur Michel Côté
Ministère de la Consommation et des Coopératives

Madame Monique Tardif
Ministère de l'Expansion économique régionale

Madame Monique Vézina
Ministère des Affaires extérieures

Madame Margaret Catley-Carlson
Agence canadienne de développement international

Monsieur Roger Paquette
Société d'expansion des exportations du Canada

B. LES INVITÉS CONSEILLERS PRÉSENTS

Le secteur des affaires

Association du disque et de l'industrie du spectacle québécois

> Madame Lyse George

Association des ingénieurs-conseils du Québec

> Monsieur Marcel Desrochers
> Directeur général

Bureau de commerce de Montréal

> Monsieur Alex Harper
> Directeur général

Centre de commerce international de l'Est du Québec

> Monsieur Conrad Hébert
> Directeur général

Centre de commerce mondial de Montréal

> Madame Hélène Saint-Pierre
> Directrice de la recherche et du développement

> Monsieur Gaétan Boisvert

Conseil de l'industrie de l'électronique du Québec

> Madame Nycol Pageau-Goyette
> Directrice générale

Le secteur financier

Association des banquiers canadiens

> Monsieur Jacques Beauregard

Association canadienne des courtiers en valeurs mobilières

> Madame Fernande Gervais
> Directrice générale

Confédération des caisses populaires et d'économie Desjardins

> Monsieur Michel Doray
> Directeur général
> Société de développement international

Le secteur agricole

> Monsieur Yvon Mercier
> Directeur de la division Turcotte & Turmel

> Monsieur Jean-Marc Bergeron
> Directeur de la division des industries laitières

Le secteur de l'information et des communications

Fédération professionnelle des journalistes du Québec

> Monsieur Jean-Pierre Gagné
> Secrétaire général

Institut international de la communication

> Madame Christiane Acker

Le secteur de la recherche et de l'éducation

Centre d'études en administration internationale

> Monsieur Bernard Bonin
> Chercheur invité

Centre d'études sur les régions en développement

> Madame Roseline Boyd

Centre québécois de relations internationales

> Monsieur Gérard Hervouet

Conférence des recteurs et principaux des universités du Québec

> Monsieur Richard Pérusse
> Directeur général

> Monsieur Philippe Bernard

Institut Armand-Frappier

> Monsieur Normand Smith
> Chef de cabinet

Société québécoise de science politique

> Monsieur Guy Hévey

Le secteur syndical

Centrale des syndicats démocratiques

> Monsieur Pierre-Yvon Ouellet
> Responsable de la recherche

Confédération des syndicats nationaux

> Monsieur Peter Bakvis
> Adjoint à l'exécutif

> Monsieur Marcel Pépin

Fédération des travailleurs du Québec

Monsieur Robert Demers
Permanent au service de recherche et de documentation

Monsieur Pierre Noreau
Responsable du dossier « Sommet sur le Québec dans le monde »

Monsieur Jean-Guy Frenette
Directeur de la recherche

Le secteur des communautés culturelles

Bureau de la communauté chrétienne des Haitiens de Montréal

Monsieur Robert Marescot
Vice-responsable

Comité d'amitié Québec-Italie

Monsieur Saturnino G. Iadeluca

Congrès juif canadien

Monsieur Jim Archibald
Directeur général

Le secteur des organismes non gouvernementaux de coopération internationale

Association québécoise des organismes de coopération internationale

Monsieur Yvan Girardin
Jeunesse Canada Monde

Monsieur Roger Saucier
Carrefour Tiers-Monde

Monsieur Philippe Jean
Centre d'études et de coopération internationale

Monsieur Ghislain Valade
Oxfam-Québec

Monsieur Qussai Samak
Coordonnateur
Carrefour international

Monsieur Yanik Harnois
Directeur général adjoint
Association québécoise des organismes de coopération internationale

ENGAJ

Monsieur André Boisclair

Le secteur de la culture et des loisirs

Corporation des secrétariats des peuples francophones

> Monsieur Louis Dussault
> Directeur général

> Monsieur Georges Cartier
> Professeur
> ENAP

Grands ballets canadiens

> Monsieur Pierre Després
> Président

Institut québécois du cinéma

> Madame Doris Girard

Regroupement des organismes nationaux de loisirs du Québec

> Monsieur Réjean Séguin
> Directeur général

> Monsieur Roch Poirier
> Adjoint au directeur général

Le secteur municipal

Union des municipalités régionales de comté

> Monsieur André Doré
> Directeur général

Union des municipalités du Québec

> Monsieur Jean Bélanger
> Directeur de la recherche

> Monsieur Pierre Campeau
> Conseiller technique
> CUM

Le secteur gouvernemental québécois

Affaires culturelles

> Madame Paule Leduc
> Sous-ministre

> Ginette Massé
> Directrice par intérim des relations intergouvernementales
> et interministérielles

Affaires intergouvernementales canadiennes

Madame Denise Courteau
Attaché de presse

Monsieur Daniel Zizian
Attaché politique

Monsieur Maurice Fortin
Conseiller

Monsieur Germain Dallaire
Conseiller

Commerce extérieur

Monsieur Roger Pruneau
Sous-ministre

Monsieur Jacques Brind'amour
Directeur général de la coopération et de la planification

Monsieur François Paradis
Directeur de la planification et du secrétariat

Monsieur Gérald Audet
Directeur général de l'analyse et de la stratégie

Communautés culturelles et immigration

Madame Juliette Barcelo
Sous-ministre

Monsieur Roger Prud'homme
Sous-ministre adjoint

Monsieur Régis Vigneau
Sous-ministre adjoint

Monsieur Paul Simard
Directeur des services de sélection à l'étranger

Monsieur Michel Beaubien
Directeur de cabinet

Conseil du trésor

Madame Marilène Ethier

Affaires municipales

Monsieur Jacques O'Bready
Sous-ministre

Monsieur Florent Gagné
Sous-ministre adjoint

Monsieur Berthier Landry
Directeur de cabinet

Affaires sociales

Monsieur Germain Hallé

Communications

Madame Michèle Guay

Éducation

Monsieur Denis Duchaîne
Attaché politique

Monsieur Roger Haeberlé
Directeur des relations extérieures

Science et Technologie

Monsieur Roger Bertrand
Responsable des relations extérieures

Monsieur Camil Limoges
Sous-ministre

Industrie et Commerce

Monsieur Michel Bussières
Directeur général

Monsieur André Desrochers
Conseil politique

Loisir, Chasse et Pêche

Monsieur Bernard Harvey
Sous-ministre adjoint

Monsieur Jacques Turgeon
Directeur adjoint au cabinet

Madame Hélène Cazes
Coordonnatrice des relations intergouvernementales

Relations internationales

Monsieur Yves Martin
Sous-ministre

Monsieur Jean-Marc Léger
Sous-ministre adjoint

Monsieur Henri Dorion
Sous-ministre adjoint à la planification

Monsieur Léo Paré
Directeur général des relations internationales

Monsieur Julien Aubert
Adjoint au directeur général de la planification

Madame Raymonde Saint-Germain
Directrice des communications

Monsieur Claude-H. Roy
Directeur de cabinet

Monsieur Gilles Gauthier
Attaché politique

Monsieur Christian Deslauriers
Coordonnateur des relations fédérales-provinciales

Les sociétés d'État

Hydro-Québec International

Monsieur Patrick Arnaud
Adjoint au président

Radio Québec

Monsieur Philippe Gariépy
Chef du service des relations publiques

Société d'exploitation des ressources éducatives du Québec

Monsieur Jacques Lacroix
Directeur des affaires publiques

Société de développement industriel

Monsieur James Donovan
Vice-président aux services professionnels et administratifs

Monsieur Jacques C. Daignault
Vice-président

Le secteur gouvernemental fédéral

Monsieur Gabriel Béland
Ministère de l'Emploi et Immigration Canada

Monsieur Louis Berlinguet
Sous-ministre
Ministère de la Science et de la Technologie

Monsieur Lorne Clarck
Directeur général de la coordination fédérale-provinciale
Ministère des Affaires extérieures

Monsieur Germain Denis
Directeur général
Bureau de l'Industrie et des Ressources
Ministère des Affaires extérieures

Madame Claude Durand
Attachée de presse
Conseil du trésor du Canada

Monsieur Jacques Dupuis
Sous-ministre adjoint
Ministère des Affaires extérieures

Monsieur Said Khiarr
Directeur des politiques de coopération avec le monde des affaires
Agence canadienne de développement international

Monsieur Robert Letendre
Directeur de cabinet
Ministère des Affaires extérieures

Monsieur Gaétan Lussier
Sous-ministre
Ministère de l'Emploi et de l'Immigration

Madame Denyse Mackey
Société de l'expansion des exportations

Monsieur André Métivier
Coordonnateur des politiques
Agence canadienne de développement international

Monsieur Jean-Guy St-Martin
Vice-président des politiques
Agence canadienne de développement international

Monsieur John Scott
Directeur, Coordination fédérale-provinciale
Ministère des Affaires extérieures

Monsieur Denys Tessier
Coordination fédérale-provinciale
Ministère des Affaires extérieures

C. LES INVITÉS OBSERVATEURS PRÉSENTS

Monsieur Guy Amyot
Directeur général adjoint
Marché international du logiciel de Montréal

Monsieur André Anctil
Vice-président et directeur général
Gaz Métro International

Monsieur François Asselin
Délégué régional de l'OPDQ
Table de concertation internationale de l'Outaouais

Monsieur André Auclair
Directeur
CEC International

Monsieur Ronald Babin
Coalition québécoise pour la paix et le désarmement

Monsieur Gilles Baril
Député de Rouyn-Noranda/Témiscamingue

Monsieur Bernard Bélanger
Secrétaire général du cégep de l'Outaouais
Table de concertation internationale de l'Outaouais

Monsieur Egan Chambers
Coordonnateur
Plan d'action pour les communautés culturelles

Monsieur Jean Chapdelaine
Conseil national de l'Institut canadien des affaires internationales

Monsieur Luc Doray
Directeur général
Coopération Nord-Sud en éducation

Monsieur Jean Ducharme
Vice-doyen aux sciences de la gestion
Université du Québec à Montréal

Monsieur Pierre Duchastel
Conseiller
Centre de finance et de commerce international

Monsieur André Fortas, Dr
Afro-Can
Communications Inc.

Madame Francine Fournier
Commission des droits de la personne

Monsieur André Gélineau
Vice-recteur
UQAM

Monsieur Claude Gosselin
Directeur
Centre international d'art contemporain de Montréal

Madame Louise Harel
Députée de Maisonneuve

Monsieur Jack Henbelman
Président
Association canadienne du commerce de la fourrure

Monsieur Tshibalabala F. Kangudi
Président
Chambre africaine de commerce et d'industrie du Canada

Monsieur Sadak Kazi
Professeur d'économique
Collège de Vanier

Monsieur Daniel Latouche
Centre d'études canadiennes

Monsieur Clifford Lincoln
Député de Nelligan

Monsieur André Lou
Directeur général
ATL Marketing International

Monsieur James Maranda
Secrétaire
Commission parlementaire permanente des institutions

Monsieur Michel Cloutier
Office de planification et de développement du Québec

Monsieur Denis Michaud

Monsieur Louis Samson
Entraide universitaire

Monsieur Léonce Naud
Projet Saint-Laurent

Monsieur Paul Noble

Monsieur Paul Painchaud
Professeur
Faculté de sciences sociales
Université Laval

Monsieur Réal Parent
Adjoint au commissaire général
CIDEM — Ville de Montréal

Monsieur André Patry
Directeur
Informtech

Monsieur David Payne
Député de Vachon

Monsieur Jacques Proulx
Coordinateur du 1er cycle
Département de psychologie
Université de Sherbrooke

Monsieur Jean-Claude Rivest
Député de Jean-Talon

Monsieur Jim Robertson
Vice-président
Institut canadien des textiles

Monsieur Louis Sabourin
Professeur
GERFI

Monsieur René Schreiber
Président du Conseil d'administration
Comité de solidarité de Trois-Rivières

Monsieur Robert Singher
Directeur
Centre de finance et de commerce international

Monsieur Raymond Tremblay
Président du Conseil d'administration
Centre de formation et de consultation

Monsieur Denis Turcotte
Alliance Champlain

Monsieur Denis Vaugeois
Député de Trois-Rivières

D. LES DÉLÉGUÉS GÉNÉRAUX PRÉSENTS

Délégation générale de Paris

Madame Louise Beaudoin
Déléguée générale

Délégation générale de New York

Madame Rita Dionne-Marsolais
Déléguée générale

Délégation générale de Mexico

Monsieur Denis Gervais
Délégué général

Délégation générale de Paris (affaires francophones)

Monsieur Claude Roquet
Délégué général

Délégation générale de Bruxelles

Monsieur Jean Tardif
Délégué général

E. LES CHEFS DE POSTE CONSULAIRE DE CARRIÈRE INVITÉS

Consuls généraux (Québec)

Monsieur Lionel A. Rosenblatt
États-Unis

Monsieur Renaud Vignal
France

Consulat général d'Haiti

Consuls généraux (Montréal)

Monsieur Egon Raster
République fédérale d'Allemagne

Consultat général de la République d'Argentine

Monsieur Nandor F. Loewenheim
Consul général honoraire
Autriche

Monsieur Louis Vandenbrande
Belgique

Consulat général du Brésil

Monsieur Cesar Ravazzano
Chili

Madame Sara Pardo
Colombie

Monsieur Jong Up Lee
Corée

Monsieur Bienvenido Garcia Negrin
Cuba

Monsieur Julius Frederik Bruun
Danemark

Monsieur Julio R. Cordera Espaillat
République dominicaine

Monsieur Adel Mohamed Abdel Salam
Égypte

Consulat général de l'Équateur

Monsieur José De Cuadra
Espagne

Monsieur William D. Morgan
États-Unis d'Amérique

Monsieur Patrick Leclercq
France

Monsieur John Nicolas Elam
Grande-Bretagne

Monsieur Petros Anghelakis
Grèce

Madame Maria Mercedes Andrade
Guatemala

Monsieur Jacques-Antoine Auguste
Haïti

Madame Ileana Ulloa De Thuin
République du Honduras

Monsieur Laszlo Rejto
République populaire hongroise

Monsieur Yakov Aviad
Israel

Consulat général d'Italie

Monsieur Hideo Kakinuma
Japon

Monsieur Youssef Arsanios
Liban

Monsieur El Hassane Alaoui
Royaume du Maroc

Monsieur Rodulfo Figueroa Aramoni
Mexique

Monsieur Ahmad Shamsul Huda
Pakistan

Consulat général de Panama

Monsieur Ivan Traa
Norvège

Monsieur Hendrik J. Van Pesch
Pays-Bas

Monsieur l'Ambassadeur Juan Garland
Pérou

Monsieur Janusz Karski
République populaire de Pologne

Monsieur Carlos Maria de Barrose So David Calder
Portugal

Monsieur Nicolae Dragoiu
République socialiste de Roumanie

Monsieur Claes Erik Winberg
Suède

Monsieur Theodore Portier
Suisse

Monsieur Rudolf Hromadka
République socialiste tchécoslovaque

Monsieur Alexandre S. Yereskovsky
Union des républiques socialistes soviétiques

Consulat général du Vénézuela

Consuls

Monsieur Carlos A. Mora
Uruguay

Monsieur Dennis Angelo Guido Casale
Afrique du Sud

Monsieur Juhani Numminen
Consul et délégué commercial
Bureau commercial de Finlande

Monsieur Khalid Mohamed Jaber Al-Musalem
Bahrein

Autres invités étrangers

Monsieur Philippe P.A. Cantraine
Délégué de la communauté française de Belgique
Délégation Wallonie-Bruxelles

Monsieur John Connor
Délégué de la région wallone
Délégation Wallonie-Bruxelles

ANNEXE 2 : Documentation

1) Le Québec dans le monde, *État de la situation*, document de travail, mai 1984 (épuisé)

2) *Résumé des débats*, première rencontre au sommet, août 1984 (disponible au Secrétariat permanent des conférences socio-économiques du Québec)

3) Le Québec dans le monde, *État de la situation*, octobre 1984 (en vente chez l'Éditeur officiel)

4) Le Québec dans le monde, *Cahier des propositions d'action* (épuisé)

5) *Revues de presse* (disponibles au Secrétariat permanent des conférences socio-économiques du Québec)

Les documents des conférences socio-économiques du Québec

En vente aux bureaux de l'Éditeur officiel du Québec

1. *1-Le travail, Point de vue sur notre réalité*, Le Sommet économique du Québec, Pointe-au-Pic, mai 1977.   1,25 $

2. *2-L'économie, Point de vue sur notre réalité (une synthèse)*, Le Sommet économique du Québec, Pointe-au-Pic, mai 1977.   (épuisé)

3. *3-L'économie, Document de référence: bilan et perspective (étude analytique)*, Le Sommet économique du Québec, Pointe-au-Pic, mai 1977.   (épuisé)

4. *4-Rapport, Le Sommet économique du Québec,* Pointe-au-Pic, mai 1977.   2,00 $

5. *Le textile primaire, Pour des politiques et des mesures de stabilisation de l'industrie,* Les conférences socio-économiques, Drummondville, septembre 1977.   1,25 $

6. *Le vêtement et la bonneterie, Pour des politiques de stabilisation de l'industrie,* Les conférences socio-économiques, Montréal, septembre 1977.   (épuisé)

7. *La chaussure, Pour des politiques et des mesures de stabilisation de l'industrie,* Les conférences socio-économiques, Québec, septembre 1977.   (épuisé)

8. *Le meuble, Pour des politiques et des mesures de stabilisation de l'industrie,* Les conférences socio-économiques, Victoriaville, septembre 1977.   (épuisé)

9. *L'agro-alimentaire, Pour une stratégie de développement,* Les conférences socio-économiques, Québec, avril 1978.   2,00 $

10. *L'agro-alimentaire, Rapport,* Les conférences socio-économiques, Québec, avril 1978.   2,00 $

11. *Les pêches maritimes, Pour une stratégie quinquennale,* Les conférences socio-économiques, Gaspé, avril 1978.   2,00 $

12. *Les pêches maritimes, Rapport,* Les conférences socio-économiques, Gaspé, avril 1978.   3,00 $

13. *Réforme fiscale, 1-Fondements et principes, la revalorisation du pouvoir municipal,* La Conférence Québec-municipalités, Québec, juin 1978.   1,00 $

14. *Réforme fiscale, 2 - Le projet, la revalorisation du pouvoir municipal,* La Conférence Québec-municipalités, Québec, juin 1978.   1,00 $

15. *Démocratie, 1-Mécanismes électoraux, la revalorisation du pouvoir municipal,* La Conférence Québec-municipalités, Québec, juin 1978.   1,00 $

16. *Démocratie, 2-Mécanismes de décision, la revalorisation du pouvoir municipal,* La Conférence Québec-municipalités, Québec, juin 1978.   1,00 $

17. *Décentralisation. Perspective communautaire nouvelle, 1-Vue d'ensemble, la revalorisation du pouvoir municipal,* La Conférence Québec-municipalités. Québec, juin 1978. (épuisé)

18. *Décentralisation, Perspective communautaire nouvelle, 2-Expériences étrangères, la revalorisation du pouvoir municipal,* La Conférence Québec-municipalités, Québec, juin 1978. (épuisé)

19. *La revalorisation du pouvoir municipal, Rapport,* La Conférence Québec-municipalités, Québec, juin 1978. 1,75 $

20. *Le tourisme, Perpectives de relance,* Les conférences socio-économiques, Sherbrooke, octobre 1978. (épuisé)

21. *Le tourisme, Rapport,* Les conférences socio-économiques, Sherbrooke, octobre 1978. 3,75 $

22. *Les industries culturelles, Hypothèses de développement,* Les conférences socio-économiques, Québec, décembre 1978. 1,50 $

23. *Les industries culturelles, Rapport,* Les conférences socio-économiques, Québec, décembre 1978. 2,00 $

24. *L'état de la situation socio-économique,* La Conférence au sommet de Montebello, mars 1979. 2,00 $

25. *Le bilan des conférences socio-économiques, mai 1977 à décembre 1978,* La Conférence au sommet de Montebello, mars 1979. (épuisé)

26. *Rapport,* La Conférence au sommet de Montebello, mars 1979. 2,75 $

27. *Agro-alimentaire, L'industrie céréalière, État de la situation,* Les conférences socio-économiques du Québec, octobre 1979. 2,00 $

28. *Agro-alimentaire, La viande bovine, État de la situation,* Les conférences socio-économiques du Québec, novembre 1979. 2,00 $

29. *Agro-alimentaire, La volaille et autres petits animaux d'élevage, État de la situation,* Les conférences socio-économiques du Québec, novembre 1979. 2,00 $

30. *Agro-alimentaire, L'industrie céréalière, Rapport,* Les conférences socio-économiques du Québec, décembre 1979. 3,00 $

31. *L'entreprise coopérative dans le développement économique, État de la situation,* Les conférences socio-économiques du Québec, janvier 1980. 2,00 $

32. *Agro-alimentaire, La viande bovine, Rapport,* Les conférences socio-économiques du Québec, janvier 1980. 3,00 $

33. *Agro-alimentaire, Les fruits et légumes et L'horticulture ornementale, État de la situation,* Les conférences socio-économiques du Québec, janvier 1980 2,00 $

34. *Agro-alimentaire, L'industrie laitière, État de la situation,* Les conférences socio-économiques du Québec, janvier 1980. 2,00 $

35. *Agro-alimentaire, La volaille et autres petits animaux d'élevage, Rapport,* Les conférences socio-économiques du Québec, mars 1980.   3,00 $

36. *La réflexion des universitaires, L'entreprise coopérative dans le développement économique du Québec, Colloque,* publié par le Secrétariat permanent des conférences socio-économiques du Québec, avril 1980.   5,00 $

37. *L'entreprise coopérative dans le développement économique, Rapport,* Les conférences socio-économiques du Québec, avril 1980.   5,00 $

38. *Agro-alimentaire, Les fruits et légumes et L'horticulture ornementale, Rapport,* Les conférences socio-économiques du Québec, juin 1980.   3,00 $

39. *Agro-alimentaire, L'industrie laitière, Rapport,* Les conférences socio-économiques du Québec, juin 1980.   3,00 $

40. *Le bilan des conférences socio-économiques du Québec, de mai 1977 à septembre 1980,* Québec, novembre 1980.   3,00 $

41. *Le grand Montréal, Île de Montréal — Laval — Rive-Sud, pôle de développement et centre international, État de la situation,* Les conférences socio-économiques du Québec, février 1981.   3,00 $

42. *Le grand Montréal, Île de Montréal — Laval — Rive-Sud, pôle de développement et centre international, Rapport,* Les conférences socio-économiques du Québec, mai 1981.   5,00 $

43. *Colloque «Les jeunes et le travail», Rapport,* publié par le Secrétariat permanent des conférences socio-économiques du Québec, juin 1981.   5,00 $

44. *Les compressions budgétaires dans les secteurs de l'éducation et des affaires sociales. Rapport,* Les conférences socio-économiques du Québec, août 1981.   4,00 $

45. *L'intégration de la personne handicapée, État de la situation,* Les conférences socio-économiques du Québec, novembre 1981.   3,50 $

46. *L'intégration de la personne handicapée, Rapport,* Les conférences socio-économiques du Québec, mars 1982.   9.95 $

47. *L'état de la situation socio-économique, La conférence au sommet, Québec 1982,* Les conférences socio-économiques du Québec, mars 1982.   4,95 $

48. *La conférence au sommet, Québec 1982, Rapport,* Les conférences socio-économiques du Québec, juin 1982.   9.95 $

49. *Le vêtement, État de la situation,* Les conférences socio-économiques du Québec, avril 1983.*

50. *Le meuble, État de la situation,* Les conférences socio-économiques du Québec, mai 1983.*

51. *Le Québec et les communications, Un futur simple?,* document préparé par le ministère des Communications en vue de la Conférence des communications d'octobre 1983, deuxième trimestre 1983.   6,00 $

52. *Les mines de fer, État de la situation,* Les conférences socio-économiques du Québec, deuxième trimestre 1983.*

53. *La grande région de la capitale, Québec, État de la situation,* Les conférences socio-économiques du Québec, août 1983.   4,95 $

54. *Le bilan des conférences socio-économiques, de novembre 1979 à mai 1983,* publié par le Secrétariat permanent des conférences socio-économiques du Québec, septembre 1983.   8,95 $

55. *La récupération et le recyclage du papier et du verre, État de la situation,* Les conférences socio-économiques du Québec, octobre 1983.   4,95 $

56. *La révolution informatique: subir ou choisir, État de la situation,* Les conférences socio-économiques du Québec, novembre 1983.*

57. *La conférence sur les communications, Rapport,* Les conférences socio-économiques du Québec, mars 1984.   12,95 $

58. *Le Québec dans le monde, État de la situation, Document de travail,* Les conférences socio-économiques du Québec, mai 1984.*

59. *La Conférence sur l'électronique et l'informatique, Rapport de la Commission sur l'expansion de l'industrie de l'électronique et du logiciel,* Les conférences socio-économiques du Québec, mai 1984.   (épuisé)

60. *La Conférence sur l'électronique et l'informatique, Rapport de la Commission sur l'informatisation des entreprises et des administrations publiques,* Les conférences socio-économiques du Québec, mai 1984.   (épuisé)

61. *La Conférence sur l'électronique et l'informatique, Rapport de la Commission sur l'informatisation, l'emploi et le travail,* Les conférences socio-économiques du Québec, mai 1984.   (épuisé)

62. *La Conférence sur l'électronique et l'informatique, Rapport de la Commission sur l'intégration de l'informatique à la culture,* Les conférences socio-économiques du Québec, mai 1984.   (épuisé)

63. *La récupération et le recyclage du papier et du verre, Rapport,* Les conférences socio-économiques du Québec, janvier 1984.

64. *Le Sommet économique, région 04, Rapport,* Les conférences socio-économiques du Québec, octobre 1984.

65. *Le Québec dans le monde, État de la situation,* Les conférences socio-économiques du Québec, octobre 1984.

66. *La grande région de la capitale, Québec,* Les conférences socio-économiques du Québec, octobre 1984.

---

*Documents disponibles au Secrétariat permanent des conférences socio-économiques du Québec.